무량공덕 8 무비스님 편저

금강 · 아미타경

독송(讀誦) 공덕문(功德文)

부처님은 범인(凡人)이 흉내 낼 수 없는 피나는 정진(精進)을 통해 큰 깨달음을 이루신 인류의 큰 스승이십니다. 그 깨달음으로 삶과 존재의 실상(實相)을 바르게 꿰뚫어 보시고 의미 있고 보람된 삶에 대하여 가르치셨습니다.

부처님의 가르침을 전하는 사람을 법사(法師)라고 하는데, 법화경(法華經) 법사품(法師品)에는 다섯 가지 법사에 대하여 설파하고 있습니다. 그 첫째는 경전을 지니고 다니는 사람, 둘째는 경전을 읽는 사람, 셋째는 경전을 외우는 사람, 넷째는 경전을 해설하는 사람, 다섯째는 경전을 사경하는 사람입니다. 이 중 한 가지만 하더라도 훌륭한 법사이며, "법사의 길을 행하는 사람은 부처님의 장엄(莊嚴)으로 장엄한 사람이며, 부처

님께서 두 어깨로 업어주는 사람이다." 라고 말씀하고 있으니 세상을 살아가면서 이보다 더 큰 보람과 영광이 어디에 있겠습니까?

 이번에 제작된 〈무량공덕 독송본〉은 항상 지니고 다니면서 읽고 베껴 쓸 수 있는 경전입니다. 부디 많은 분들이 이 인연 공덕에 함께 하시어 큰깨달음 이루시고 행복하시기를 기원합니다.

독송공덕수승행 무변승복개회향
讀誦功德殊勝行 無邊勝福皆廻向(독송한 그 공덕 수승하여라, 가없는 그 공덕 모두 회향하여)

보원침익제유정 속왕무량광불찰
普願沈溺諸有情 速往無量光佛刹(이 세상 모든 사람 모든 생명, 한량없는 복된 삶 누려지이다.)

 불기2549(2005)년 여름안거
 금정산 범어사 如天 無比 합장

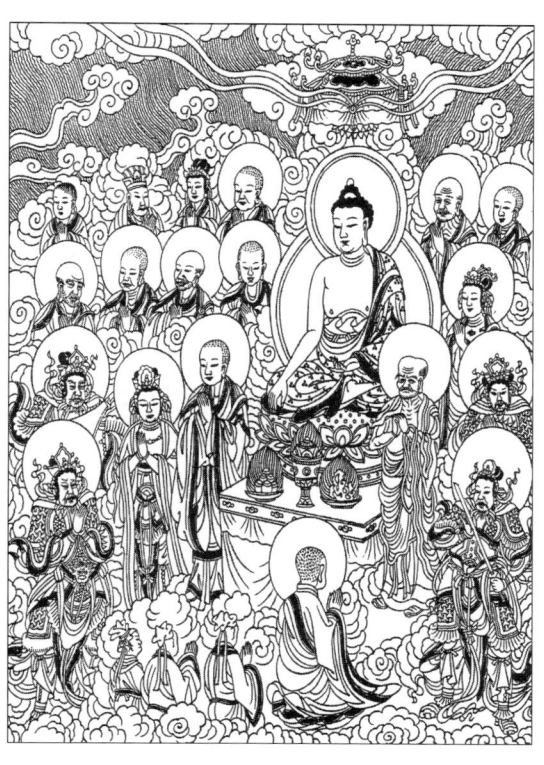

차례

송경의식 ······················ 7

금강반야바라밀경 ············ 11

한글금강반야바라밀경 ······· 83

불설아미타경 ··················· 127

한글불설아미타경 ············· 153

송경의식 誦經儀式

◇ 정구업진언 淨口業眞言

수리수리 마하수리 수수리 사바하 (세번)

◇ 오방내외안위제신진언 五方內外安慰諸神眞言

나무 사만다 못다남
옴 도로도로 지미 사바하 (세번)

◇ 봉청 八金剛
奉請 八金剛

봉청청제재금강
奉請 靑除災金剛

봉청황수구금강
奉請 黃隨求金剛

봉청적성화금강
奉請 赤聲火金剛

봉청자현신금강
奉請 紫賢神金剛

봉청벽독금강
奉請 碧毒金剛

봉청백정수금강
奉請 白淨水金剛

봉청정제재금강
奉請 定除災金剛

봉청대신력금강
奉請 大神力金剛

◇ 봉청사보살

奉請四菩薩

봉청금강권보살

奉請金剛眷菩薩

봉청금강애보살

奉請金剛愛菩薩

봉청금강색보살

奉請金剛索菩薩

봉청금강어보살

奉請金剛語菩薩

◇ 발원문

發願文

계수삼계존 귀명시방불 아금발홍원

稽首三界尊 歸命十方佛 我今發弘願

지차금강경 상보사중은 하제삼도고

持此金剛經 上報四重恩 下濟三途苦

약유견문자 실발보리심 진차일보신

若有見聞者 悉發菩提心 盡此一報身

개경게

開經偈

무상심심미묘법 백천만겁난조우

無上甚深微妙法 百千萬劫難遭遇

아금문견득수지 원해여래진실의

我今聞見得受持 願解如來眞實意

개법장진언

開法藏眞言

옴 아라남 아라다 (세번)

唵 阿羅南 阿羅多

금강반야바라밀경
金剛般若波羅蜜經

요진삼장법사 구마라습역
姚秦三藏法師 鳩摩羅什譯

법회인유분 제일
法會因由分 第一

여시아문하사오니 일시에 불이 재사위국기수급고독원하사 여대비구중천이백오십인으로 구러시니

如是我聞 一時 佛在舍衛國祇樹給孤獨園 與大比丘衆千二百五十人 俱

이시에 세존이 식시에 착의지발하시고 입사위대
爾時 世尊 食時 着衣持鉢 入舍衛大

성하사 걸식하실새 어기성중에 차제걸이하시고 還
城 乞食 於其城中 次第乞已

지본처하사 반사흘하시고 수의발하시며 세족이하시고
至本處 飯食訖 收衣鉢 洗足已

부좌이좌하시다
敷座而坐

선현기청분 善現起請分 제이第二

시에 長老須菩提가 在大衆中하시다가 즉종좌기即從座起 하사 偏袒右肩 右膝着地하시고 合掌恭敬

시에 장로수보리가 재대중중하시다가 즉종좌기하사 편단우견하시며 우슬착지하시고 합장공경

이백불언하사대 希有世尊하 如來가 善護念諸菩薩하시며 善付囑諸菩薩 而白佛言

이백불언하사대 희유세존하 여래가 선호념제보살하시며 선부촉제보살하시나니 세존하 선남자선여인이 發阿耨多羅三藐三菩提心하나니는 應云何 女人

여인이 발아뇩다라삼먁삼보리심하나니는 응운하

주며 운하항복기심하리잇고 佛言 선재선재
住 云何降伏其心 善哉善哉

라 수보리야 여여소설하야 如來가 선호념제보살
須菩提 如汝所說 善護念諸菩薩

하며 선부촉제보살하나니 여금제청하라 당위여설
善付囑諸菩薩 汝今諦聽 當爲汝說

하리라 선남자선여인이 발아뇩다라삼먁삼보리
善男子善女人 發阿耨多羅三藐三菩提

심하나니는 응여시주하며 여시항복기심이니라 유연
心 應如是住 如是降伏其心 唯然

세존하 원요욕문하나이다
世尊 願樂欲聞

대승정종분 제삼
大乘正宗分 第三

불이 고수보리하사대
佛이 告須菩提

제보살마하살이 응여시
諸菩薩摩訶薩 應如是

항복기심이니 소유일체중생지류인 약란생과 약
降伏其心 所有一切衆生之類 若卵生 若

태생과 약습생과 약화생과 약유색과 약무색과
胎生 若濕生 若化生 若有色 若無色

약유상과 약무상과 약비유상비무상을 아개영
若有想 若無想 若非有想非無想 我皆令

입무여열반하야 이멸도지하리니 여시멸도무량무
入無餘涅槃 而滅度之 如是滅度無量無

수무변중생호대 실무중생득멸도자니 하이고오 數無邊衆生 實無衆生得滅度者 何以故

수보리야 약보살이 유아상인상중생상수자상
須菩提 若菩薩 有我相人相衆生相壽者相

하면 즉비보살이니라
卽非菩薩

묘행무주분 제사
妙行無住分 第四

부차수보리야 보살이 어법에 응무소주하야 행
復次須菩提 菩薩 於法 應無所住 行

어보시니 소위부주색보시며 부주성향미촉법보시니라 수보리야 보살이 응여시보시하야 부주어상이니 하이고오 약보살이 부주상보시하면 기복덕을 불가사량이니라 수보리야 어의운하오 동방허공을 가사량부아 불야니이다 세존하 수보리야 남서북방과 사유상하허공을 가사량부아 불야

於布施 所謂不住色布施 不主聲香味觸法布施 須菩提 菩薩 應如是布施 不住於相 何以故 若菩薩 不住相布施 其福德 不可思量 須菩提 於意云何 東方 虛空 可思量不 不也 南西北方 四維上下虛空 可思量不 不也

니이다 世尊하 須菩提야 菩薩 無住相布施

복덕도 亦復如是하야 不可思量 須菩提야

보살은 但應如所敎住

보살의 무주상보시하난

불가사량이니라 수보리야

단응여소교주니라

여리실견분 제오
如理實見分 第五

수보리야 於意云何오 可以身相으로 見如來

수보리야 어의운하오 가이신상으로 견여래

부**야 불야**니이다 **세존**하 **불가이신상**으로 **득견여**
不 不也 世尊 不可以身相 得見如

래니 **하이고** **여래소설신상**은 **즉비신상**이니이다
來니 何以故 如來所說身相 即非身相

불이 **고수보리**하사대 **범소유상**이 **개시허망**이니
佛 告須菩提 凡所有相 皆是虛妄

약견제상비상하면 **즉견여래**니라
若見諸相非相 則見如來

정신희유분 제육
正信希有分 第六

수보리가 백불언하사대 世尊하 파유중생이
須菩提 白佛言　世尊　頗有衆生

득문여시언설장구하사옵고 생실신부잇가 불이고
得聞如是言說章句　生實信不　佛告

수보리하사대 막작시설하라 여래멸후후오백세에
須菩提　莫作是說　如來滅後後五百歲

유지계수복자가 어차장구에 능생신심하야 이차
有持戒修福者　於此章句　能生信心　以此

위실하리니 당지시인은 불어일불이불삼사오불에
爲實　當知是人　不於一佛二佛三四五佛

이종선근이라 이어무량천만불소에 종제선근하야
而種善根　已於無量千萬佛所　種諸善根

문시장구하고 내지일념생정신자니라 수보리야
聞是章句 乃至一念生淨信者 須菩提

여래가 실지실견하나니 시제중생이 득여시무량
如來 悉知悉見 是諸衆生 得如是無量

복덕이니라 하이고오 시제중생이 무부아상인상
福德 何以故 是諸衆生 無復我相人相

중생상수자상하며 무법상하며 역무비법상이니
衆生相壽者相 無法相 亦無非法相

하이고오 시제중생이 약심취상하면 즉위착아인
何以故 是諸衆生 若心取相 卽爲著我人

중생수자니 하이고오 약취법상이라도 즉착아인
衆生壽者 何以故 若取法相 卽著我人

중생수자며 약취비법상이라도 즉착아인중생수
衆生壽者 若取非法相 卽着我人衆生壽

자니라 시고로 불응취법이며 불응취비법이니
者 是故 不應取法 不應取非法

이시의고로 여래가 상설호대 여등비구가 지아
以是義故 如來 常說 汝等比丘 知我

설법을 여벌유자라하노니 법상응사어든 하황비법
說法 如筏喩者 法尚應捨 何況非法

이리요

무득무설분 제칠
無得無說分 第七

수보리야 **어의운하**오 **여래**가 **득아뇩다라삼먁삼보리**야 **여래**가 **유소설법야**아 **수보리**가 **언**하사대 **여아해불소설**의 컨댄 **무유정법명아뇩다라삼먁삼보리**며 **역무유정법여래가설**이니 **하이고**오 **여래소설법**은 **개불가취**며 **불가설**이며

須菩提 於意云何 如來 得阿耨多羅三藐三菩提耶 如來 有所說法耶 須菩提 言 如我解佛所說義 無有定法名阿耨多羅三藐三菩提 亦無有定法如來可說 何以故 如來所說法 皆不可取 不可說

비법이며 非法 비비법이니 非非法 所以者何 一切賢聖이 개

이무위법으로 無爲法 이유차별이니이다 而有差別

의법출생분 제팔
依法出生分 第八

수보리야 어의운하오 약인이 만삼천대천세계 칠보로 이용보시하면 시인의 소득복덕이 영위
須菩提 於意云何 若人 滿三千大千世界七寶 以用布施 是人 所得福德 寧爲

다부아 수보리가 언하사대 심다니이다 세존하 이 多不須菩提言 甚多 世尊 何以

고오 시복덕이 즉비복덕성일새 시고로 여래가 故 是福德 卽非福德性 是故 如來

설복덕다니이다 說福德多

지사구게등하야 위타인설하면 기복이 승피하리니 至四句偈等 爲他人說 其福 勝彼

하이고오 수보리야 일체제불과 급제불아뇩다 何以故 須菩提 一切諸佛 及諸佛阿耨多

라삼먁삼보리법이 개종차경출이니라 수보리야 羅三藐三菩提法 皆從此經出 須菩提

약부유인이 어차경중에 수지내 若復有人 於此經中 受持乃

所謂佛法者는 즉비불법이니라
即非佛法

일상무상분 제구
一相無相分 第九

수보리야 어의운하오 수다원이 능작시념호대
須菩提 於意云何 須陀洹 能作是念

아득수다원과부아 수보리가 언하사대 불야니이다
我得須陀洹果不 須菩提 言 不也

세존하 하이고오 수다원은 명위입류로대 이무소
世尊 何以故 須陀洹 名爲入流 而無所

입이니 불입색성향미촉법일새 시명수다원이니이다
入 不入色聲香味觸法 是名須陀洹

수보리야 어의운하오 사다함이 능작시념호대
須菩提 於意云何 斯陀含 能作是念

아득사다함과부아 수보리가 언하사대 불야니이다
我得斯陀含果不 須菩提言 不也

세존하 하이고오 사다함은 명일왕래로대 이실
世尊 何以故 斯陀含 名一往來 而實

무왕래일새 시명사다함이니이다 수보리야 어의운
無往來 是名斯陀含 須菩提 於意云

하오 아나함이 능작시념호대 아득아나함과부아
何 阿那含 能作是念 我得阿那含果不

수보리가 言하사대 不也 世尊하 何以故오
須菩提

아나함은 名爲不來로대 而實無不來일새 是故로
阿那含

名阿那含이니이다

須菩提야 於意云何오 阿羅漢이

能作是念 我得阿羅漢道不아

不也 世尊하 何以故오 實無有法名阿

羅漢이니 世尊하 若阿羅漢이 作是念 我得阿

불야이니다 **세존**하 **하이고**오

능작시념호대 **아득아라한도부**아 **수보리**가 **언**하

명아나함이니이다 **수보리**야 **어의운하**오 **아라한**이

아나함은 **명위불래**로대 **이실무불래**일새 **시고**로

수보리가 **언**하사대 **불야**이니다 **세존**하 **하이고**오

라한이니 **세존**하 **약아라한**이 **작시념** 我得阿

라한도라하면 즉위착아인중생수자니이다 세존하
羅漢道 即爲着我人衆生壽者 世尊

불설아득무쟁삼매인중에 최위제일이라 시제
佛說我得無諍三昧人中 最爲第一 是第

일이욕아라한이라하시나 아부작시념호대 아시이
一離欲阿羅漢 我不作是念 我是離

욕아라한이라하노이다 세존하 아약작시념호대 아득
欲阿羅漢 世尊 我若作是念 我得

아라한도라하면 세존이 즉불설수보리가 시요아
阿羅漢道 世尊 即不說須菩提 是樂阿

란나행자라하시련만 이수보리실무소행일새니 이명
蘭那行者 以須菩提實無所行 而名

須菩提가 시요아란나행이라하시나니이다
須菩提 是樂阿蘭那行

장엄정토분 제십
莊嚴淨土分 第十

불이 고수보리하사대 어의운하오 여래가 석
佛 告須菩提 於意云何 如來가 昔

재연등불소하야 어법에 유소득부아 불야니이다
在燃燈佛所 於法 有所得不 不也

세존하 여래가 재연등불소하사 어법에 실무소
世尊 如來 在燃燈佛所 於法 實無所

득이니이다 須菩提야 **수보리**야 於意云何오 菩薩이 **장엄불토부**아 不不也니이다 世尊하 **하이고**오 莊嚴佛土者는 卽非莊嚴이 **시명장엄**이니이다 **시고**로 須菩提야 **제보살마하살**이 諸菩薩摩訶薩이 **응여시생청정심**이니 應如是生淸淨心이니 **불응주색생심**하며 不應住色生心하며 **불응주성향미촉법생심**이요 不應住聲香味觸法生心이요 **응무소주**하야 應無所住하야 **이생기심**이니라 而生其心이니라 須菩提야 **비여유**인 譬如有

인이 **신여수미산왕**하면 **어의운하**오 **시신**이 **위**

人이 身如須彌山王 於意云何 是身이 爲

대부아 **수보리**가 **언**하사대 **심대**니이다 **세존**하

大不 須菩提 言 甚大 世尊 何

이고오 **불설비신**이 **시명대신**이니이다

以故 佛說非身 是名大身

무위복승분 제십일

無爲福勝分 第十一

수보리야 **여항하중소유사수**하야 **여시사등항**

須菩提 如恒河中所有沙數 如是沙等恒

하가 어의운하오 시제항하사가 영위다부아 수
河 於意云何 是諸恒河沙 寧爲多不 須

보리가 언하사대 심다니이다 세존하 단제항하
菩提 言 甚多 世尊 但諸恒河

상다무수어든 하황기사리잇가 수보리야 아금실
尚多無數 何況其沙 須菩提 我今實

언으로 고여호리니 약유선남자선여인이 이칠보
言 告汝 若有善男子善女人 以七寶

만이소항하사수삼천대천세계하야 이용보시하면
滿爾所恒河沙數三千大千世界 以用布施

득복이 다부아 수보리가 언하사대 심다니이다 세
得福 多不 須菩提 言 甚多 世

존하 불이 고수보리하사대 若善男子善女人이 於
尊佛 告須菩提

차경중에 내지수지사구게등하야 위타인설하면
此經中 乃至受持四句偈等 爲他人說

이차복덕이 승전복덕하리라
而此福德 勝前福德

존중정교분 제십이
尊重正教分 第十二

부차수보리야 수설시경호대 내지사구게등하면
復次須菩提 隨說是經 乃至四句偈等

당지차처는 一切世間天人阿修羅가 개응공양을
當知此處   一切世間天人阿修羅 皆應供養

여불탑묘어든 하황유인이 진능수지독송하는 것이
如佛塔廟   何況有人 盡能受持讀誦

리요 수보리야 당지시인은 성취최상제일희유지
 須菩提   當知是人 成就最上第一希有之

법이니 약시경전소재지처는 즉위유불과 약존중
法   若是經典所在之處 即爲有佛 若尊重

제자니라
弟子

여법수지분 제십삼

如法受持分 第十三

爾時에 須菩提가 白佛言하사대 世尊하 當何名 此經이며 我等이 云何奉持하리잇고 佛이 告須菩提하사대 是經은 名爲金剛般若波羅蜜이니 以是名字로 汝當奉持하나라 所以者何오 須菩提야 佛說 般若波羅蜜이 卽非般若波羅蜜일새 是名般若波

라밀이니라 須菩提야 於意云何 如來가 有所說
羅蜜

법부아 수보리가 백불언하사대 세존하 여래가 무
法不 須菩提 白佛言 世尊 如來 無

소설이니이다 수보리야 어의운하오 삼천대천세계
所說 須菩提 於意云何 三千大千世界

소유미진이 시위다부아 수보리가 언하사대 심다
所有微塵 是爲多不 須菩提 言 甚多

니이다 세존하 수보리야 제미진을 여래가 설비미
世尊 須菩提 諸微塵 如來 說非微

진일새 시명미진이며 여래가 설세계도 비세계일새
塵 是名微塵 如來 說世界 非世界

시명세계니라 수보리야 어의운하오 가이삼십이
是名世界 須菩提 於意云何 可以三十二

상으로 견여래부아 불야니이다 세존하 불가이삼
相 見如來不 不也 世尊 不可以三

십이상으로 득견여래니 하이고오 여래가 설삼십
十二相 得見如來 何以故 如來 說三十

二相 即是非相 是名三十二相

이상이 즉시비상일새 시명삼십이상이니이다 수보

리야 약유선남자선여인이 이항하사등신명으로
若有善男子善女人 以恒河沙等身命

布施 若復有人 於此經中 乃至受持四
보시어든 약부유인이 어차경중에 내지수지사

구게등하야 위타인설하면 기복이 심다니라
句偈等 爲他人說 其福 甚多

이상적멸분 제십사
離相寂滅分 第十四

이시에 수보리가 문설시경하사옵고 심해의취하야
爾時 須菩提 聞說是經 深解義趣

체루비읍하사 이백불언하사대 희유세존하 불설
涕淚悲泣 而白佛言 希有世尊 佛說

여시심심경전은 아종석래소득혜안으로 미증득
如是甚深經典 我從昔來所得慧眼 未曾得

39

문여시지경(聞如是之經)호이다 세존(世尊)하 약부유인(若復有人)이 득문시경(得聞是經)하고 신심청정(信心淸淨)하면 즉생실상(即生實相)하리니 당지시인(當知是人)은 성취제일희유공덕(成就第一希有功德)이니 세존(世尊)하 시실상자(是實相者)는 즉시비상(即是非相)일새 시고(是故)로 여래설명실상(如來說名實相)이니이다 세존(世尊)하 아금(我今) 득문여시경전(得聞如是經典)하고 신해수지(信解受持)는 부족위난(不足爲難)이어니와 약당래세후오백세(若當來世後五百歲)에 기유중생(其有衆生)이 득문시경(得聞是經)하고

신해수지 하면 시인은 즉위제일희유이 하이고오
信解受持 是人 即爲第一希有 何以故

차인은 무아상하며 무인상하며 무중생상하며 무수
此人 無我相 無人相 無衆生相 無壽

자상이니 소이자하오 아상이 즉시비상이며 인상
者相 所以者何 我相 即是非相 人相

중생상수자상이 즉시비상이라 하이고오 이일체
衆生相壽者相 即是非相 何以故 離一切

제상을 즉명제불이니이다 불이 고수보리하사대 여
諸相 則名諸佛 佛 告須菩提 如

시여시 하다 약부유인이 득문시경하고 불경불포
是如是 若復有人 得聞是經 不驚不怖

불외하면 不畏 당지시인은 當知是人 심위희유니 甚爲希有 하이고오 何以故 수보리야 菩提 여래가 如來 설제일바라밀이 說第一波羅蜜 즉비제일바라밀일새 卽非第一波羅蜜 시명제일바라밀이니라 是名第一波羅蜜 수보리야 須菩提 인욕바라밀도 忍辱波羅蜜 여래가 如來 설비인욕바라밀이니 說非忍辱波羅蜜 시명인욕이니 是名忍辱 하이고오 何以故 수보리야 須菩提 여아석위가리왕에게 如我昔爲歌利王 할절신체하야 割截身體 아어이시에 我於爾時 무아상하며 無我相 무인 無人

상하며 무중생상하며 무수자상호라 하이고오 아어相 無衆生相 無壽者相 何以故 我於

왕석절절지해시에 약유아상인상중생상수자상往昔節節支解時 若有我相人相衆生相壽者相

이면 응생진한일러니라 수보리야 우념과거어오백應生嗔恨 須菩提 又念過去於五百

세에 작인욕선인하야 어이소세에 무아상하며 무世 作忍辱仙人 於爾所世 無我相 無

인상하며 무중생상하며 무수자상호라 시고로 수보人相 無衆生相 無壽者相 是故 須菩

리야 보살이 응리일체상하고 발아뇩다라삼먁삼提 菩薩 應離一切相 發阿耨多羅三藐三

43

보리심이니 불응주색생심하며 불응주성향미촉법
菩提心 不應住色生心 不應住聲香味觸法

생심이요 응생무소주심이니라 약심유주면 즉위비
應生無所住心 若心有住 即爲非

주니 시고로 불설보살은 심불응주색보시라하나니라
住 是故 佛說菩薩 心不應住色布施

수보리야 보살이 위이익일체중생하야 응여시보
須菩提 菩薩 爲利益一切衆生 應如是布

시니 여래가 설일체제상이 즉시비상이며 우설일
施 如來 說一切諸相 即是非相 又說一

체중생이 즉비중생이니라 수보리야 여래는 시진
切衆生 即非衆生 須菩提 如來 是眞

어자며 실어자며 여어자며 불광어자며 불이어
語者 實語者 如語者 不誑語者 不異語

자시니라 여래소득법은 차법이 무실무
須菩提 如來所得法 此法 無實無

허하니라 수보리야 약보살이 심주어법하야 이행
須菩提 若菩薩 心住於法 而行

보시하면 여인이 입암에 즉무소견이요 약보살이
布施 如人 入暗 則無所見 若菩薩

심부주법하야 이행보시하면 여인이 유목하야 일광
心不住法 而行布施 如人 有目 日光

명조에 견종종색이니라 수보리야 당래지세에 약
明照 見種種色 須菩提 當來之世 若

유선남자선여인이 능어차경에 수지독송하면 즉

有善男子善女人 能於此經 受持讀誦 卽

위여래가 이불지혜로 실지시인이 실견시인하야

爲如來 以佛智慧 悉知是人 悉見是人

개득성취무량무변공덕하리라

皆得成就無量無邊功德

지경공덕분 제십오

持經功德分 第十五

수보리야 약유선남자선여인이 초일분에 以이

須菩提 若有善男子善女人 初日分

항하사등신으로 보시하며 중일분에 부이항하사
恒河沙等身 布施 中日分 復以恒河沙

등신으로 보시하며 후일분에 역이항하사등신으로
等身 布施 後日分 亦以恒河沙等身

보시하야 여시 무량백천만억겁을 이신보시어든
布施 如是 無量百千萬億劫 以身布施

약부유인이 문차경전하고 신심불역하면 기복이
若復有人 聞此經典 信心不逆 其福

승피하리니 하황서사수지독송하야 위인해설이리요
勝彼 何況書寫受持讀誦 爲人解說

수보리야 이요언지컨댄 시경이 유불가사의불가
須菩提 以要言之 是經 有不可思議不可

칭량무변공덕하니 如來가 위발대승자설이며 위
稱量無邊功德　　　　　　　　　　爲

발최상승자설이니라 약유인이 능수지독송하야 광
發最上乘者說　　　若有人　　　能受持讀誦

위인설하면 여래가 실지시인하며 실견시인하야 개
爲人說　　如來　　悉知是人　悉見是人　　皆

득성취불가량불가칭무유변불가사의공덕하리니
得成就不可量不可稱無有邊不可思議功德

여시인등은 즉위하담여래아뇩다라삼먁삼보리
如是人等　即爲荷擔如來阿耨多羅三藐三菩提

니 하이고오 수보리야 약요소법자는 착아견인
何以故　須菩提　　若樂小法者　　着我見人

견중생견수자견일새 見衆生見壽者見 즉어차경에 卽於此經 불능청수독송 不能聽受讀誦

하야 爲人解說 위인해설하리라 수보리야 須菩提 在在處處 재재처처에 若有此 약유차

경하면 經 一切世間天人阿修羅 일체세간천인아수라의 所應供養이니 소응공양이니 當

지차처는 知此處 卽爲是塔 즉위시탑이라 개응공경작례위요 皆應恭敬作禮圍繞하야

以諸華香 이제화향으로 而散其處 이산기처하리라

49

능정업장분 제십육
能淨業障分

부차수보리야 善男子善女人이 受持讀誦此

경호대 若爲人輕賤하면 是人先世罪業

악도언마는 以今世人이 輕賤故로 先世罪業이 即

위소멸하고 當得阿耨多羅三藐三菩提하리라 須菩

提리야 我念過去無量阿僧祇劫하니 於燃燈佛前에

득치팔백사천만억나유타제불하야 실개공양승
得值八百四千萬億那由他諸佛 悉皆供養承

사하야 무공과자호라 약부유인이 어후말세에 능
事 無空過者 若復有人 於後末世 能

수지독송차경하면 소득공덕이 어아소공양제
受持讀誦此經 所得功德 於我所供養諸

불공덕으로 백분에 불급일이며 천만억분내지산
佛功德 百分 不及一 千萬億分乃至算

수비유로 소불능급이니 수보리야 약선남자선
數譬喻 所不能及 須菩提 若善男子善

여인이 어후말세에 유수지독송차경하난 소득
女人 於後末世 有受持讀誦此經 所得

공덕을 아약구설자면 혹유인이 문하고 심즉광란하야 호의불신하리니 수보리야 당지시경의가 불가사의며 과보도 역불가사의니라

功德을 我若具說者면 或有人이 聞 心卽狂亂하야 狐疑不信 須菩提 當知是經義 不可思議 果報 亦不可思議

구경무아분 제십칠

究竟無我分 第十七

이시에 수보리가 백불언하사대 세존하 선남자

爾時 須菩提 白佛言 世尊 善男子

선여인이 발아뇩다라삼먁삼보리심하나니는 운하
善女人 發阿耨多羅三藐三菩提心

응주며 운하항복기심하리잇고 불이 고수보리
應住 云何降伏其心 佛이 告須菩提

약선남자선여인이 발아뇩다라삼먁삼보리심자
若善男子善女人 發阿耨多羅三藐三菩提心者

는 당생여시심이니 아응멸도일체중생호리라 멸도
當生如是心 我應滅度一切衆生 滅度

일체중생이하야는 이무유일중생도 실멸도자니
一切衆生已 而無有一衆生 實滅度者

하이고오 수보리야 약보살이 유아상인상중생
何以故 須菩提 若菩薩 有我相人相衆生

53

상수자상이면 즉비보살이니 소이자하오 수보리
相壽者相 卽非菩薩 所以者何 須菩提

야 실무유법발아뇩다라삼먁삼보리심자니라 수
實無有法發阿耨多羅三藐三菩提心者 須

보리야 어의운하오 여래가 어연등불소에 유법
菩提 於意云何 如來 於燃燈佛所 有法

득아뇩다라삼먁삼보리부아 불야니이다 세존하
得阿耨多羅三藐三菩提不 不也 世尊

여아해불소설의 컨댄 불이 어연등불소에 무유법
如我解佛所說義 佛 於燃燈佛所 無有法

득아뇩다라삼먁삼보리 하니이다 불언하사대 여시여
得阿耨多羅三藐三菩提 佛言 如是如

시하다 須菩提야 實無有法如來得阿耨多羅三藐

삼보리니 須菩提야 若有法如來得阿耨多羅三藐

삼보리자인댄 燃燈佛이 即不與我授記하사대 汝於

래세에 當得作佛호를 釋迦牟尼라하시니라 以實

무유법득아뇩다라삼먁삼보리일새 是故로 燃燈

佛이 與我授記하사 作是言 汝於來世에 當得

불이 여아수기하사대 作시언하사대 여어래세에 當得

작불하야 호를 석가모니라하시니 하이고오 여래자는 即諸法如義니라 若有人이 言如來得阿耨多羅三藐三菩提라하면 須菩提야 實無有法佛得阿耨多羅三藐三菩提니 須菩提야 여래소득아뇩다라삼먁삼보리는 於是中無實無虛하니라 시고로 여래가 설일체법이 皆是佛法이라하나니 須菩提야

소언일체법자는 즉비일체법일새 시고로 명일체
所言一切法者 卽非一切法 是故 名一切
법이니라 수보리야 비여인신장대니라 수보리
法 須菩提 譬如人身長大 須菩提
언하사대 세존하 여래설인신장대가 즉위비대신
言 世尊 如來說人身長大 卽爲非大身
일새 시명대신이니이다 수보리야 보살도 역여시하야
是名大身 須菩提 菩薩 亦如是
약작시언호대 아당멸도무량중생이라하면 즉불명
若作是言 我當滅度無量衆生 卽不名
보살이니 하이고오 수보리야 실무유법명위보
菩薩 何以故 須菩提 實無有法名爲菩

살이니 **시고로 불설일체법**이 **무아무인무중생무
수자**라하나니라 **수보리**야 **약보살**이 **작시언**호대 我
壽者라 須菩提야 若菩薩이 作是言호대 薩 是故 佛說一切法 無我無人無衆生無

당장엄불토라하면 **시불명보살**이니 하이고오 **여래**
當莊嚴佛土라하면 是不名菩薩 何以故 如來

설장엄불토자는 **즉비장엄**일새 **시명장엄**이니라
說莊嚴佛土者는 卽非莊嚴 是名莊嚴

수보리야 **약보살**이 **통달무아법자**는 **여래**가 설
須菩提야 若菩薩이 通達無我法者는 如來 說

명진시보살이니라
名眞是菩薩

일체동관분 제십팔
一體同觀分

수보리야 어의운하오 여래가 유육안부아
須菩提 於意云何 如來 有肉眼不
여래가 유육안이니이다 세존하 여래가 유육안이니이다
如來 有肉眼 須菩提

수보리야 어의운하오 여래가 유천안부아
須菩提 於意云何 如來 有天眼不
여래가 유천안이니이다
如來 有天眼

수보리야 어의운하오 여래가 유
須菩提 於意云何 如來 有

시니이다 세존하 여래가 유천안이니이다 수보리야 어의운하오 여래가 유
是 世尊 如來 有天眼 須菩提 於意云何 如來 有

여래가 유혜안부아 여시니이다 세존하 여래가 유
如來 有慧眼不 如是 世尊 如來 有

혜안이니이다 須菩提 수보리야 어의운하오 여래가 유법안이니이다

안부아 여시니이다 世尊하 如來 유법안이니이다
眼不 如是 如來가 有法眼

수보리야 어의운하오 여래가 유불안부아 여시
須菩提 於意云何 如來가 有佛眼不 如是

니이다 世尊하 如來가 유불안이니이다 須菩提야 어

의운하오 여항하중소유사를 불설시사부아 여
意云何 如恒河中所有沙 佛說是沙不 如

시니이다 世尊하 여래가 설시사니이다 수보리야 於어
是 世尊 如來 說是沙 須菩提

의운하오 여일항하중소유사하야 유여시사등항
意云何 如一恒河中所有沙 有如是沙等恒

하어든 시제항하소유사수불세계가 여시영위다
河 是諸恒河所有沙數佛世界 如是寧爲多

부아 심다니이다 세존하 불이 고수보리하사대
不 甚多 世尊 佛 告須菩提

이소국토중소유중생의 약간종심을 여래가 실
爾所國土中所有衆生 若干種心 如來 悉

지하나니 하이고오 여래가 설제심이 개위비심
知 何以故 如來 說諸心 皆爲非心

일새 시명위심이니 소이자하오 수보리야 과거심
是名爲心 所以者何 須菩提 過去心

불가득이며 현재심불가득이며 미래심불가득이니라
不可得 現在心不可得 未來心不可得

법계통화분 제십구
法界通化分 第十九

수보리야 어의운하오 약유인이 만삼천대천
須菩提 於意云何 若有人 滿三千大千

세계칠보로 이용보시하면 시인이 이시인연으로
世界七寶 以用布施 是人 以是因緣

득복다부아 여시니이다 세존하 차인이 이시인연
得福多不 如是 世尊 此人 以是因緣

으로 得福득복이 甚多심다니이다 須菩提수보리야 若福德약복덕이 有實유실

인댄 如來여래가 不說得福德多불설득복덕다니 以福德이복덕이 無故무고로

如來여래가 說得福德多설득복덕다니라

이색이상분 제이십
離色離相分 第二十

須菩提수보리야 於意云何어의운하오 佛불을 可以具足色身가이구족색신으로

견부아 불야니이다 세존하 여래를 불응이구족색
見不 不也 世尊 如來 不應以具足色

신으로 견이니 하이고오 여래가 설구족색신이
身 見 何以故 如來 說具足色身 須菩提

즉비구족색신일새 시명구족색신이니이다 수보리야
即非具足色身 是名具足色身

어의운하오 여래를 가이구족제상으로 견부아 불
於意云何 如來를 可以具足諸相 見不 不

야니이다 세존하 여래를 불응이구족제상으로 견
也 世尊 如來 不應以具足諸相 見

이니 하이고오 여래가 설제상구족은 즉비구족일새
何以故 如來 說諸相具足 即非具足

是名諸相具足**시명제상구족**이니다

비설소설분 제이십일

非說所說分 第二十一

須菩提 汝勿謂如來作是念 我當有 **수보리**야 **여**가 **물위여래**가 **작시념**호대 我當有

莫作是念 何以故 若人言 **소설법**이라하라 **막작시념**이니 **하이고**오 **약인**이 **언**

如來 有所說法 即爲謗佛 不能解我 **여래**가 **유소설법**이라하면 **즉위방불**이라 **불능해아**

所說法 所說法

是名諸相具足 시명제상구족이니다

소설고니 수보리야 설법자는 무법가설이 시명
所說故 須菩提 說法者 無法可說 是名

설법이니라 이시에 혜명수보리가 백불언하사대
說法 爾時 慧命須菩提 白佛言

세존하 파유중생이 어미래세에 문설시법하사옵고
世尊 頗有衆生 於未來世 聞說是法

생신심부잇가 불이 언하사대 수보리야 피비중생이며
生信心不 佛 言 須菩提 彼非衆生

비불중생이니 하이고오 수보리야 중생중생자는
非不衆生 何以故 須菩提 衆生衆生者

여래가 설비중생일새 시명중생이니라
如來 說非衆生 是名衆生

무법가득분 제이십이
無法可得分 第二十二

須菩提가 白佛言하사대

수보리가 **백불언**하사대 **세존**하 **불**이 **득아뇩다라삼먁삼보리**는 爲無所得耶니이다 佛言하사대 **여시여시**하다 須菩提야 **수보리**야 我於阿耨多羅三藐三菩提에 **내지무유소법가득**일새 **시명아뇩다라삼먁삼보리**니라

世尊 佛言 如是如是 乃至無有少法可得 是名阿耨多羅三藐三菩提

得阿耨多羅三藐三菩提

정심행선분 제이십삼

淨心行善分 第二十三

부차수보리야 시법이 평등하야 무유고하일새 시
復次須菩提 是法 平等 無有高下 是
명아뇩다라삼먁삼보리니 이무아무인무중생무
名阿耨多羅三藐三菩提 以無我無人無衆生無
수자로 수일체선법하면 즉득아뇩다라삼먁삼보
壽者 修一切善法 即得阿耨多羅三藐三菩
리하리니 수보리야 소언선법자는 여래가 설즉비
提 須菩提 所言善法者 如來 說即非
선법일새 시명선법이니라
善法 是名善法

복지무비분 제이십사

福智無比分 第二十四

수보리야 약삼천대천세계중소유제수미산왕
須菩提 若三千大千世界中所有諸須彌山王

여시등칠보취를 유인이 지용보시어든 약인이 이
如是等七寶聚 有人 持用布施 若人 以

차반야바라밀경으로 내지사구게등을 수지독송
此般若波羅蜜經 乃至四句偈等 受持讀誦

하야 위타인설하면 어전복덕으로 백분에 불급일이
爲他人說 於前福德 百分 不及一

며 백천만억분내지산수비유로 소불능급이니라
百千萬億分乃至算數譬喻 所不能及

화무소화분 제이십오

化無所化分 第二十五

수보리야 **어의운하**오 **여등**은 물위여래가 작
須菩提야 於意云何오 汝等은 勿謂如來가 作
시념호대 我當度衆生
是念호대 我當度衆生
이니 **하이고**오 實無有衆生如來度者
何以故오 實無有衆生如來度者
아당도중생이라하라 **수보리**야 **막작시념**
실무유중생여래도자니 **약유중생**
여래도자면 **여래**가 **즉유아인중생수자**니라 수보
如來度者 如來 即有我人衆生壽者 須菩
리야 **여래설유아자**는 즉비유아어늘 **이범부지인**
提야 如來說有我者 即非有我 而凡夫之人

이 **이위유아**일새니 **수보리**야 **범부자**는 **여래**가
以爲有我 須菩提 凡夫者 如來

설즉비범부일새 **시명범부**니라
說卽非凡夫 是名凡夫

법신비상분 제이십육
法身非相分 第二十六

수보리야 **어의운하**오 **가이삼십이상**으로 **관여**
須菩提 於意云何 可以三十二相 觀如

래부아 **수보리**가 **언**하사대 **여시여시**하니이다 **이삼**
來不 須菩提 言 如是如是 以三

십이상으로 관여래니이다 불언하사대 수보리야 약
이삼십이상으로 관여래자인댄 전륜성왕이 즉시
여래로다 수보리가 백불언하사대 세존하 여아해
불소설의 컨댄 불응이삼십이상으로 관여래니이다
이시에 세존이 이설게언하사대 약이색견아어나 이
음성구아하면 시인은 행사도라 불능견여래니라

十二相
以三十二相
如來
須菩提
白佛言
世尊
如我解
佛所說義
不應以三十二相
觀如來
爾時 世尊而說偈言
若以色見我 以
音聲求我 是人 行邪道 不能見如來

72

무단무멸분 제이십칠
無斷無滅分 第二十七

수보리야 **여약작시념**호대 如來 不以具足相

故로 得阿耨多羅三藐三菩提아 須菩提야 **막작시**

념호대 如來가 不以具足相故

로 得阿耨多羅三藐三菩提

삼보리라하라 須菩提야 **여약작시념**호대 發阿耨多

라삼먁삼보리심자는 說諸法斷滅가 莫作是念

羅三藐三菩提心者는 說諸法斷滅 莫作是念

니 **하이고**오 **발아뇩다라삼먁삼보리심자**는 **어**
何以故 發阿耨多羅三藐三菩提心者 於

법에 **불설단멸상**이니라
法 不說斷滅相

불수불탐분 제이십팔
不受不貪分 第二十八

수보리야 **약보살**이 **이만항하사등세계칠보**로
須菩提 若菩薩 以滿恒河沙等世界七寶

지용보시어든 **약부유인**이 **지일체법무아**하야 **득**
持用布施 若復有人 知一切法無我 得

성어인하면 此菩薩 승전보살의 勝前菩薩 소득공덕이니 所得功德 成於忍

하이고 何以故 수보리야 須菩提 이제보살이 以諸菩薩 불수복덕고니라 不受福德故

수보리 須菩提 가 백불언하사대 白佛言 세존하 世尊 운하보살이 云何菩薩 불수 不受

복덕이니잇고 福德 수보리야 須菩提 보살은 菩薩 소작복덕에 所作福德 불응 不應

탐착일새 貪着 是故 시고로 說不受福德 설불수복덕이니라

위의적정분 제이십구
威儀寂靜分 第二十九

수보리야 **약유인**이 **언여래**가 **약래약거약좌**
須菩提 若有人 言如來 若來若去若坐

약와라하면 **시인**은 **불해아소설의**니 하이고오 **여**
若臥 是人 不解我所說義 何以故 如

래자는 **무소종래**며 **역무소거**일새 고명여래니라
來者 無所從來 亦無所去 故名如來

일합이상분 제삼십
一合理相分 第三十

수보리야 약선남자 선여인이 이삼천대천세계로 쇄위미진하면 於意云何 是微塵衆 寧爲多不아
須菩提 若善男子 善女人 以三千大千世界 碎爲微塵 於意云何 是微塵衆 寧爲多不

수보리가 언하사대 심다니이다 세존하
須菩提 言 甚多 世尊

何以故오 약시미진중이 실유자인댄 불이 즉불설시 미진중이니 소이자하오
以故 若是微塵衆 實有者 佛 即不說是 微塵衆 所以者何

불설미진중이 즉비미진
佛說微塵衆 即非微塵

중衆일새 是名微塵衆이니이다 世尊하 여래소설삼世尊 如來所說三

천대천세계千大千世界가 즉비세계卽非世界일새 시명세계是名世界니 하이고何以故

오若世界가 실유자實有者인댄 즉시일합상卽是一合相이니 여래가 설如來가 說

일합상一合相은 즉비일합상卽非一合相일새 시명일합상是名一合相이니이다 수須

보리야菩提야 일합상자一合相者는 즉시불가설卽是不可說이어늘 단범부지但凡夫之

인人이 탐착기사貪着其事니라

지견불생분 제삼십일
知見不生分 第三十一

수보리야 若人이 言佛說我見人見衆生見壽
者見이라하면 須菩提야 於意云何오 **시인**이 解我
소설의부아 **불야**니이다 世尊하 **시인**이 **불해여래**
소설의니 何以故오 世尊이 說我見人見衆生見
所說義不 不也

수자견은 即非我見人見衆生見壽者見일새 是名
壽者見

수보리야 言佛說我見人見衆生見壽

아견인견중생견수자견이니이다 **수보리**야 **발아뇩**
我見人見衆生見壽者見 須菩提 發阿耨

다라삼먁삼보리심자는 於一切法 應如是知
多羅三藐三菩提心者

며 여시견하며 **여시신해**하야 **불생법상**이니 **수보리**
如是見 如是信解 不生法相 須菩提

야 소언법상자는 **여래**가 **설즉비법상**일새 **시명법**
所言法相者 如來 說卽非法相

상이니라
相

응화비진분 제삼십이
應化非眞分 第三十二

수보리야 약유인이 이만무량아승지세계칠
須菩提 若有人 以滿無量阿僧祇世界七

보로 지용보시어든 약유선남자선여인이 발보살
寶 持用布施 若有善男子善女人 發菩薩

심자가 지어차경하야 내지사구게등을 수지독
心者 持於此經 乃至四句偈等 受持讀

송하야 위인연설하면 기복이 승피하리니 운하위인
誦 爲人演說 其福 勝彼 云何爲人

연설고 불취어상하야 여여부동이니 하이고오
演說 不取於相 如如不動 何以故

일체유위법이 여몽환포영하며
一切有爲法 如夢幻泡影

여로역여전하니 응작여시관이니라
如露亦如電 應作如是觀

불이 설시경이하시니 장로수보리와 급제비구
佛說是經已 長老須菩提 及諸比丘

비구니와 우바새우바이와 일체세간천인아수라
比丘尼 優婆塞優婆夷 一切世間天人阿修羅

가 문불소설하사옵고 개대환희하야 신수봉행하니라
聞佛所說 皆大歡喜 信受奉行

금강반야바라밀경 종
金剛般若波羅蜜經 終

한글 금강반야바라밀경

무비 스님

제1. 법회가 열리게 된 동기[法會因由分]

이와 같은 내용을 저는 들었습니다.

어느 날 부처님께서 사위국(舍衛國)의 기수(祇樹) 급고독원(給孤獨園)에서 일천 이백 오십 명의 큰스님들과 함께 계셨습니다.

그 때 세존께서는 공양(供養)을 드실 때가 되었으므로 가사(袈裟)를 입으시고 발우(鉢盂)를 들고 사위성(城)에 들어가서 걸식(乞食)하셨습니다. 그 성 안에서 차례대로 걸식하여 마치시고 본 곳으로 돌아오셨습니다. 공양을 마치신 뒤 가사와 발우를 거두시고 발을 씻으신 다음 자리를 펴고 앉으셨습니다.

제2. 선현이 법을 청하다 [善現起請分]

그 때 덕이 높으신 수보리(須菩提) 존자(尊者)가 대중 가운데 계시다가 곧 자리에서 일어났습니다. 옷차림을 바르게 정돈하고, 오른쪽 무릎을 땅에 꿇고, 합장 공경하면서 부처님께 사뢰었습니다.

"희유하십니다, 세존이시여. 여래께서는 모든 보살들을 잘 보살펴 주시고, 모든 보살들에게 잘 당부하십니다. 세존이시여, 선남자·선여인이 최상의 깨달음에 대한 마음을 일으킨 이는 어떻게 머물며, 어떻게 그 마음을 항복 받아야 합니까?"

부처님께서 말씀하셨습니다.

"매우 좋은 질문이다, 수보리야. 그대의 말과 같이 여래는 모든 보살들을 잘 보살피고 잘 당부하느니라. 그대들은 이제 자세히 들어라. 마땅히 그대들을 위하여 설명하리라. 선남자·선여인이 최상의 깨달음에 대한 마음을 일으킨 사람은 반드시 이와 같이 머물고, 이와 같이 그 마음을 항복 받을지니라."

"예, 그렇게 하겠습니다. 세존이시여, 바라건대 즐겁게 듣고자 하나이다."

제3. 대승의 바른 종지[大乘正宗分]
부처님께서 수보리에게 말씀하셨습니다.
"모든 보살마하살은 반드시 이와 같이 그 마음을 항복 받을지니라."
"보살은 온갖 중생들의 종류인 알에서 태어나는 것, 태에서 태어나는 것, 습기에서 생기는 것, 변화로 태어난 것, 형상이 있는 것, 형상이 없는 것, 생각이 있는 것, 생각이 없는 것, 생각이 있지도 않고 생각이 없지도 않은 것들을 모두 무여열반(無餘涅槃)에 들게 하여 제도(濟度)하느니라.

이와 같이 한량없고, 헤아릴 수 없고, 가없는 중생들을 제도하지만 실은 제도를 얻은 중생은 없느니라. 왜냐하면 수보리야, 만약 보살이 '나'라는 상(相), '남'이라는 상, '중생'이라는 상, '수명'에 대한 상이 있으면 곧 보살이 아니기 때문이다."

제4. 아름다운 행은 안주하지 않는다 [妙行無住分]

"또 수보리야, 보살은 반드시 어떤 것에도 머물지 말고 보시(布施)를 해야 하나니, 이를테면 사물에 머물지 말고 보시할 것이며, 소리와 향기와 맛과 감촉과 그 외의 온갖 것에 머물지 말고 보시해야 하느니라.

수보리야, 보살은 반드시 이와 같이 보시하여 형상에 머물지 말라.

왜냐하면 만약 보살이 형상에 머물지 않고 보시하면 그 복덕은 가히 상상할 수 없느니라.

수보리야, 그대는 어떻게 생각하는가? 동쪽 허공을 모두 상상할 수 있는가?"

"상상할 수 없습니다, 세존이시여."

"수보리야, 남쪽, 서쪽, 북쪽과 네 간방과 위쪽과 아래쪽의 허공을 모두 상상할 수 있는가?"

"상상할 수 없습니다, 세존이시여."

"수보리야, 보살이 형상에 머물지 않고 보시하는 복덕(福德)도 또한 이와 같아서 가히 상상할 수 없느니라. 수보리야, 보살은 반드시 가르친

바와 같이 머물지니라."

제5. 이치와 같이 사실대로 보다 [如理實見分]

"수보리야, 그대는 어떻게 생각하는가? 육신으로써 여래(如來)를 볼 수 있겠는가?"

"아닙니다, 세존이시여. 육신으로써는 여래를 볼 수 없습니다. 왜냐하면 여래께서 육신이라고 말씀하신 것은 곧 육신이 아닙니다."

부처님께서 수보리에게 말씀하셨습니다.

"무릇 형상이 있는 것은 모두 다 허망(虛妄)하나니 만약 모든 형상을 형상이 아닌 것으로 보면 곧 여래를 보느니라."

제6. 바른 믿음은 희유하다 [正信希有分]

수보리가 부처님께 사뢰었습니다.

"세존이시여, 어떤 중생이 이와 같은 말씀을 듣거나, 글귀를 보고 진실한 믿음을 낼 수 있겠습니까?"

부처님께서 수보리에게 말씀하셨습니다.

"그런 말을 하지 말라. 여래가 열반한 뒤, 최후의 오백 년 경에도 계(戒)를 받아 지니고 복(福)을 닦는 사람들이 있으리라. 그들은 이러한 글귀에 신심을 내고, 이러한 이치로써 진실을 삼으리라.

반드시 알아야 한다. 이러한 사람들은 한 부처님이나, 두 부처님이나, 셋, 넷, 다섯 부처님에게만 선근(善根)을 심은 것이 아니다. 이미 한량없는 천만 부처님의 처소에서 여러 가지 선근을 심은 사람들이다. 그래서 이러한 글귀를 보고 한 생각이나마 청정(淸淨)한 믿음을 내느니라.

수보리야, 여래는 이 모든 중생들이 이와 같이 한량없는 복덕을 얻으리라는 것을 다 알고 다 보느니라. 왜냐하면 이 모든 중생들은 더 이상 나라는 상(相)이나, 남이라는 상이나, 중생이라는 상이나, 수명에 대한 상이 없느니라. 그리고 옳은 법(法)이라는 상도 없고, 그른 법[非法]이라는 상도 없기 때문이니라. 왜냐하면, 이 모든 중생들이 만약 마음에 어떤 상을 취하면, 곧 나와 남과 중생과 수명에 집착하게 되기 때문이니라. 왜냐하면 만약 옳은 법이라는 상을 취하여도 곧 나와 남과 중생과 수명에 집착하게 되며, 만약 그른 법이라는 상을 취하여도 나와 남과 중생과 수명에 집착하게 되기 때문이니라. 그러므로 반드시 옳은 법을 취하지도 말고, 반드시 그른 법을 취하지도 말라. 이러한 이치에 근거한 까닭에 여래는 늘 말하기를, '그대 비구들은 나의 설법을 뗏목의 비유처럼 알라.' 라고 하였노라. 옳은 법(法)도 오히려 반드시 버려야 하거늘, 하물며 그른 법[非法]이겠는가?"

제7. 얻을 것도 없고 설할 것도 없음[無得無說分]

"수보리야, 어떻게 생각하느냐? 여래가 최상의 깨달음을 얻었는가? 또 여래가 설법(說法)한 바가 있는가?"

수보리가 사뢰었습니다.

"제가 부처님께서 말씀하신 뜻을 이해하기에는 고정된 그 무엇으로써 최상의 깨달음이라고 할

것은 없습니다. 또한 고정된 그 무엇으로써 여래
께서 설법하신 것은 없습니다. 왜냐하면 여래의
설법은 모두가 취할 수가 없으며, 말할 수도 없
으며, 옳은 법이 아니며, 그른 법도 아닙니다. 왜
냐하면 일체 성현(聖賢)들은 모두가 조작이 없
고 꾸밈이 없는[無爲] 법으로써 온갖 차별을 꾸
며서 펼쳐 보였기 때문입니다."

제8. 법에 의해 출생함[依法出生分]

"수보리야, 그대는 어떻게 생각하는가? 만약
어떤 사람이 삼천 대천세계에 가득한 금·은·보
화를 가지고 널리 보시하였다면, 이 사람이 얻은
복덕이 얼마나 많겠는가?"

수보리가 사뢰었습니다.

"아주 많습니다, 세존이시여. 왜냐하면 이 복덕
은 곧 복덕성(性)이 아닙니다. 그러므로 여래께
서 복덕이 많다고 말씀하신 것입니다."

"만약 어떤 사람이 이 경 가운데서 네 글귀만이
라도 받아 지녀서 남을 위해 말해 주었다면, 그

복덕이 앞의 복덕보다 훨씬 뛰어나리라. 왜냐하면 수보리야, 모든 부처님과 모든 부처님의 최상의 깨달음에 도리는 다 이 경전(經典)으로부터 나왔기 때문이니라."

"수보리야, 이른바 불법(佛法)이란 곧 불법이 아니니라."

제9. 하나의 상도 아님 [一相無相分]

"수보리야, 그대는 어떻게 생각하는가? 수다원이 생각하기를 '나는 수다원의 과위(果位)를 얻었노라' 하겠는가?"

수보리가 사뢰었습니다.

"아닙니다, 세존이시여. 왜냐하면 수다원은 '성인의 유(流)에 들다.'라고 이름하지만 실은 어디에 들어가는 것이 아닙니다. 사물이나 소리나 향기나 맛이나 감촉이나 그 외의 무엇에도 들어가는 것이 아닙니다. 그 이름이 수다원일 뿐이기 때문입니다."

"수보리야, 그대는 어떻게 생각하는가? 사다함

이 생각하기를 '나는 사다함의 과위를 얻었노라' 하겠는가?"

수보리가 사뢰었습니다.

"아닙니다, 세존이시여. 왜냐하면 사다함은 이름이 '한 번 갔다 온다'는 말이지만, 실은 가고 옴이 없습니다. 그 이름이 사다함일 뿐이기 때문입니다."

"수보리야, 그대는 어떻게 생각하는가? 아나함이 생각하기를 '나는 아나함의 과위를 얻었노라' 하겠는가?"

수보리가 사뢰었습니다.

"아닙니다, 세존이시여. 왜냐하면 아나함은 이름이 '오지 않는다'는 말이지만 실은 오지 않는다는 것이 없습니다. 이름이 아나함일 뿐이기 때문입니다."

"수보리야, 그대는 어떻게 생각하는가? 아라한이 생각하기를 '내가 아라한의 도(道)를 얻었노라'하겠는가?"

수보리가 사뢰었습니다.

"아닙니다, 세존이시여. 왜냐하면 실로 고정된 것이 있어서 이름을 아라한이라고 한 것이 아닙니다.

세존이시여, 만약 아라한이 생각하기를 '나는 아라한의 도를 얻었노라'고 하면 이는 곧 나와 남과 중생과 수명에 집착한 것이 되기 때문입니다.

세존이시여, 부처님께서 저를 '다툼이 없는 삼매를 얻은 사람 가운데서 제일이다.'라고 말씀하셨습니다. 이는 욕심을 떠난 제일가는 아라한입니다. 그러나 저는 '나는 욕심을 떠난 아라한이다.'라는 생각을 하지 않습니다. 세존이시여, 제가 만약 '나는 아라한의 도를 얻었다'라고 생각한다면, 세존께서는 곧 수보리에게 고요한 행(行)을 좋아하는 사람이다.'라고 말씀하시지 않았을 것입니다. 수보리는 실로 고요한 행을 한 바가 없습니다. 그냥 부르기를 '수보리는 고요한 행을 좋아하는 사람이다'라고 할 뿐입니다."

제10. 정토를 장엄하다 [莊嚴淨土分]

부처님께서 수보리에게 말씀하셨습니다.

"수보리야, 그대는 어떻게 생각하는가? 여래가 옛적에 연등(燃燈)부처님 처소에서 법(法)에 대하여 무엇을 얻은 것이 있는가?"

"아닙니다, 세존이시여. 여래께서는 연등 부처님 처소에 계실 적에 법에 대하여 실로 얻은 것이 없습니다."

"수보리야, 그대는 어떻게 생각하는가? 보살이 세상을 장엄(莊嚴)하는가?"

"아닙니다, 세존이시여. 왜냐하면 보살이 세상을 장엄한다는 것은 곧 장엄이 아니며, 그 이름이 장엄일 뿐이기 때문입니다."

"그러므로 수보리야, 모든 보살마하살은 반드시 이와 같이 텅 빈[淸淨] 마음을 낼지니라.

반드시 사물에 머물지 말고 마음을 낼 것이며, 반드시 소리와 냄새와 맛과 감촉과 그 외의 어떤 것에도 머물지 말고 마음을 낼지니라. 그래서 머무는 바 없이 그 마음을 낼지니라.

수보리야, 비유하자면 마치 어떤 사람의 몸이 수미산만하다면 그대는 어떻게 생각하는가? 그 몸을 크다고 하겠는가?"

수보리가 사뢰었습니다.

"아주 큽니다, 세존이시여. 왜냐하면 부처님께서 말씀하신 것은 몸이 아니며, 그 이름이 큰 몸일 뿐이기 때문입니다."

제11. 무위복이 수승함[無爲福勝分]

"수보리야, 저 항하강에 있는 모래 수처럼 그렇게 많은 항하강이 있다면 그대의 생각은 어떤가? 그 모든 항하강에 있는 모래의 수는 얼마나 많겠는가?"

수보리가 사뢰었습니다.

"아주 많습니다, 세존이시여. 단지 저 모든 항하강의 수만 하여도 무수히 많은데 하물며 그 가운데 있는 모래의 수이겠습니까."

"수보리야, 내가 이제 진실한 말로 그대에게 이르리라. 만약 어떤 선남자·선여인이 저 항하강의 모래 수처럼 많은 삼천 대천세계에 가득한 금·은·보화를 가지고 널리 보시하였다면 그가 얻은 복이 얼마나 많겠는가?"

수보리가 사뢰었습니다.

"매우 많습니다, 세존이시여."

부처님께서 수보리에게 말씀하셨습니다.

"만약 선남자·선여인이 이 경전 가운데서 네 글귀만이라도 받아 지녀서 남을 위하여 설명하여 준다면 이 일의 복덕은 앞의 복덕보다 훨씬 뛰어나리라."

제12. 바른 가르침을 존중함[尊重正敎分]

"또 수보리야, 이 경을 해설하되 단지 네 글귀만 하더라도 반드시 알라, 이곳에는 일체세간의 천신(天神)과 사람과 아수라가 다 마땅히 부처님의 탑(塔)에 공양하는 것과 같이 해야 한다. 하물며 어떤 사람이 이 경을 모두 다 받아 지니고 읽고 외우는 일이겠는가?

수보리야, 반드시 알라.

이 사람은 가장 높고 제일가는 희유한 법을 성취한 것이다.
 만약 이 경전이 있는 곳이라면 부처님과 훌륭한 제자들이 함께 계시는 것이 되느니라."

제13. 법답게 받아 지님[如法受持分]
 그 때에 수보리가 부처님께 사뢰었습니다.
 "세존이시여, 이 경의 이름을 무엇이라 해야 합니까? 그리고 저희들이 어떻게 받들어 가져야 합니까?"
 부처님께서 수보리에게 말씀하셨습니다.
 "이 경의 이름은 '금강반야바라밀(金剛般若波羅密)'이다. 그대들은 반드시 이러한 이름으로 받들어 가지도록 하라. 왜냐하면 수보리야, 여래가 말한 반야바라밀이란 곧 반야바라밀이 아니고 그 이름이 반야바라밀일 뿐이기 때문이니라. 수보리야, 그대는 어떻게 생각하는가? 여래가 설법한 바가 있는가?"
 수보리가 부처님께 사뢰었습니다.

"세존이시여, 여래께서는 설법하신 바가 없습니다."

"수보리야, 그대는 어떻게 생각하는가? 삼천대천세계에 있는 모든 먼지의 수를 많다고 하겠는가?"

수보리가 사뢰었습니다.

"아주 많습니다, 세존이시여."

"수보리야, 이 모든 먼지를 여래는 말하기를 '먼지가 아니고 그 이름이 먼지일 뿐이다.'고 하며, 여래가 말하는 세계도 또한 세계가 아니고 그 이름이 세계일 뿐이니라.

수보리야, 어떻게 생각하는가? 서른두 가지의 거룩한 상호로써 여래라고 볼 수 있겠는가?"

"아닙니다, 세존이시여. 서른두 가지의 거룩한 상호로써는 여래라고 볼 수 없습니다. 왜냐하면 여래께서 말씀하신 서른두 가지의 거룩한 상호는 곧 상호가 아니고 그 이름이 서른두 가지의 거룩한 상호일 뿐이기 때문입니다."

"수보리야, 만약 어떤 선남자 선여인이 항하강

의 모래 수와 같은 수많은 목숨을 바쳐 널리 보시했을지라도 만약 어떤 사람이 이 경전 가운데서 네 글귀만이라도 받아 가지고 남을 위하여 설명해 주었다면 그 복이 훨씬 많으니라."

제14. 상을 떠나서 적멸함[離相寂滅分]

그 때에 수보리가 이 경을 설하심을 듣고, 그 뜻을 깊이 깨달아 알고는 눈물을 흘리고 슬피 울면서 부처님께 사뢰었습니다.

"참으로 희유합니다, 세존이시여. 부처님께서 설하신 이와 같이 깊고 깊은 경전은, 제가 옛날부터 지금까지 닦아 얻은 지혜의 눈으로써는 일찍이 이와 같은 가르치심은 듣지 못하였습니다. 세존이시여, 만약 이 다음에 또 어떤 사람이 이 경전을 얻어 들으면 신심이 청정하여져서 곧 실상(實相)이 생길 것입니다. 그리고 이 사람은 제일가는 희유한 공덕을 성취한 사실을 반드시 알아야 할 것입니다.

세존이시여, 이 실상이란 것은 곧 실상이 아닙

니다. 그러므로 여래께서 말씀하시기를 '이름이 실상이다.'라고 하셨습니다.

세존이시여, 저가 이와 같은 경전을 얻어 듣고, 믿고 이해하여 받아 가지는 것은 그리 어렵지 않으나, 만약 앞으로 최후의 오백년 경에 그 어떤 중생이 이 경전을 얻어 듣고 믿고 이해하여 받아 가진다면, 그 사람이야말로 참으로 제일 희유한 사람이 될 것입니다. 왜냐하면 그 사람은 나라는 상도 없고, 남이라는 상도 없고, 중생이라는 상도 없고, 수명에 대한 상도 없기 때문입니다. 왜냐하면 나라는 상도 곧 상이 아니며, 남이라는 상과 중생이라는 상과 수명에 대한 상도 곧 상이 아니기 때문입니다.

왜냐하면 일체의 상을 떠난 사람이 곧 부처님이기 때문입니다."

부처님께서 수보리에게 말씀하셨습니다.

"참으로 옳은 말이다. 만약 또 어떤 사람이 이 경을 듣고 놀라지도 않고, 겁내지도 않으며, 두려워하지도 않는다면, 반드시 알라. 이 사람도

대단히 희유한 사람이니라. 왜냐하면 수보리야, 여래가 말한 제일바라밀(第一波羅密)이란 곧 제일바라밀이 아니고 그 이름이 제일바라밀일 뿐이기 때문이니라. 수보리야, 인욕(忍辱)바라밀도 여래는 말하기를 '인욕바라밀이 아니고 그 이름이 인욕바라밀이다.'라고 한다.

왜냐하면 수보리야, 내가 옛날 가리왕에게 몸을 베이고 찢길 적에, 내가 그 때에 나라는 상이 없었으며, 남이라는 상도 없었으며, 중생이라는 상도 없었으며, 수명에 대한 상도 없었노라. 왜냐하면 수보리야, 내가 옛날 팔과 다리가 마디마디 찢어지고 무너질 때에 그때에 만약 나에게 나라는 상이나 남이라는 상이나 중생이라는 상이나 수명에 대한 상이 있었더라면, 반드시 분노의 불을 뿜고 원한을 품었으리라.

수보리야, 또 기억해보니 여래가 과거에 오백생(生)동안 인욕선인(忍辱仙人)이 되었을 때가 있었노라. 그 세상에서도 나라는 상이 없었으며, 남이라는 상도 없었으며, 중생이라는 상도 없었으며, 수명에 대한 상도 없었느니라. 그러므로 수보리야, 보살은 반드시 일체의 상을 떠나서 최상의 깨달음에 대한 마음을 일으키도록 하라. 반드시 사물에 머물지 말고 마음을 내야하며, 반드시 소리나 향기나 맛이나 감촉이나 그 외에 어떤 것에도 머물지 말고 마음을 내야 한다. 반드시 머무는 바 없는 마음을 내야 한다. 만약 마음이 머무는 데가 있으면 곧 머물지 않는 것이 된다. 그러므로 여래는 말하기를 '보살은 마음을 반드시 사물에 머물지 말고 보시를 하라.'고 하느니라.

수보리야, 보살은 일체중생들의 이익을 위하여 반드시 이와 같이 보시를 해야 하느니라.

여래가 말한 일체의 모든 상은 곧 상이 아니며, 또 일체중생도 중생이 아니니라.

수보리야, 여래는 참다운 말만 하는 사람이며, 사실만을 말하는 사람이며, 진리의 말만 하는 사람이며, 거짓말은 하지 않는 사람이며, 사실과 다른 말은 하지 않는 사람이다.

수보리야, 여래가 얻은 법은 실다움도 없고 헛됨도 없다.

수보리야, 만약 보살이 마음을 온갖 것에 머물러 보시하는 것은, 마치 사람이 어두운 곳에 들어가서 아무것도 볼 수 없는 것과 같다. 만약 보살이 마음을 온갖 것에 머물지 않고 보시하는 것은, 마치 사람에게 밝은 눈도 있고 햇빛도 밝게 비칠 적에 갖가지의 온갖 사물들을 분별하여 볼 수 있는 것과 같다.

수보리야, 다음 세상에서 만약 어떤 선남자·선여인이 능히 이 경을 받아 지니고 읽고 외우면, 곧 여래는 부처의 지혜로써 이 사람에 대하여 다 알며, 이 사람을 다 본다. 이 사람은 한량없고 가없는 공덕을 남김없이 성취하리라."

제15. 경을 가지는 공덕[持經功德分]
"수보리야, 만약 어떤 선남자 선여인이 오전의 항하강의 모래 수와 같은 많은 몸으로 보시하고, 낮에 또 항하강의 모래 수와 같은 몸으로 보시하며, 저녁때에 또한 항하강의 모래 수와 같은 많은 몸으로 보시해서, 이렇게 하기를 한량없는 백 천 만 억겁동안 몸으로써 보시하더라도, 만약 다시 어떤 사람이 이 경전을 듣고 믿는 마음이 거슬리지 아니하면, 그 복은 앞의 복보다 훨씬 뛰어나느니라. 그런데 하물며 이 경전을 쓰고 출판하여, 받아 지니고 읽고 외워서, 널리 여러 사람들에게 해설하여 주는 일은 어떠하겠는가?

수보리야, 요점만을 말한다면, 이 경은 상상할 수도 없고, 설명할 수도 없고, 끝도 없는 공덕이 있느니라.

여래가 대승(大乘)의 마음을 낸 사람들을 위하여 이 경을 설하며, 최상승(最上乘)의 마음을 낸 사람을 위하여 이 경을 설하느니라.

만약 어떤 사람이 이 경을 받아 지니고, 읽고 외우며, 널리 많은 사람들을 위하여 설명한다면, 여래는 이 사람이 헤아릴 수 없고, 일컬을 수 없고, 끝도 없고, 상상할 수도 없는 공덕을 성취하였음을 모두 알고 모두 보노라.

이러한 사람들은 곧 여래의 최상의 깨달음을 온 몸으로 짊어진 것이 된다. 왜냐하면 수보리야, 만약 작은 법을 좋아하는 사람은 나라는 소견, 남이라는 소견, 중생이라는 소견, 수명에 대한 소견에 집착하여 곧 이 경을 듣고, 받아들이거나 읽고 외우지 못하며, 다른 사람들을 위하여 설명하여 주지도 못할 것이기 때문이니라.

 수보리야, 어떤 곳이든 만약 이 경전만 있으면 일체 세간의 천신들과 사람들과 아수라가 반드시 공양하게 되리니, 마땅히 알라. 이곳은 곧 부처님의 탑을 모신 곳이 된다. 모두들 반드시 공경하고 예배를 드리며, 주위를 돌면서 여러 가지 꽃과 향으로 그곳을 장엄하여야 하느니라."

제16. 능히 업장을 깨끗이 함[能淨業障分]

 "또 수보리야, 선남자·선여인이 이 경전을 받아 지니고 읽고 외우는데도, 만약 남에게 업신여김을 당한다면, 이 사람은 전생(前生)의 죄업으로 반드시 지옥이나 아귀나 축생에 떨어질 것이지만, 금생(今生)에 남에게 업신여김을 당함으로써 전생의 죄업이 곧 바로 소멸하고 반드시 최상의 깨달음을 얻게 되느니라.

수보리야, 내가 기억해보니 과거 한량없는 아승지겁 전 연등(燃燈)부처님 이전에 팔백 사천만억 나유타의 부처님을 만나 뵙고, 한 분도 빠짐없이 모두 다 공양을 올리고, 받들어 섬겼느니라. 만약 다시 또 어떤 사람이 앞으로 오는 말세(末世)에 이 경전을 받아 지니고 읽고 외운다면, 그가 얻은 공덕은 내가 저 많은 부처님께 공양한 공덕으로는 백 분의 일에도 미치지 못한다. 천 만 억 분의 일에도 미치지 못하며, 어떤 산수와 비유로도 능히 미치지 못하느니라.

수보리야, 만약 선남자·선여인이 이다음 말세에 이 경전을 받아 지니고 읽고 외우는 이가 있으면, 그가 얻은 공덕을 내가 만약 다 갖추어 말한다면, 어떤 사람은 그 말을 듣고 마음이 곧 미치고 어지러워져서 의심하며 믿지 아니할 것이다.

수보리야, 반드시 알라. 이 경의 이치는 상상할 수가 없으며, 그 과보(果報)도 역시 상상할 수 없느니라."

제17. 끝까지 아가 없음[究竟無我分]

그 때 수보리가 부처님께 사뢰었습니다.

"세존이시여, 선남자·선여인이 최상의 깨달음에 대한 마음을 일으킨 이는 어떻게 머물며 그 마음을 어떻게 항복 받아야 합니까?"

부처님께서 수보리에게 말씀하셨습니다.

"만약 선남자·선여인이 최상의 깨달음에 대한 마음을 일으킨 이는 반드시 이와 같은 마음을 내어야 한다. '나는 반드시 일체 중생들을 다 제도하노라. 그리고 일체 중생들을 다 제도 하였으나 한 중생도 실은 제도한 것이 없노라.'라고 해라.

왜냐하면 수보리야, 만약 보살이 나라는 상과 남이라는 상과 중생이라는 상과 수명에 대한 상이 있으면 곧 보살이 아니기 때문이니라.

왜냐하면 수보리야, 실로 고정된 법이 있어서

최상의 깨달음에 대한 마음을 낸 것이 아니기 때문이니라.

수보리야, 그대는 어떻게 생각하는가? 여래가 연등부처님의 처소에서 어떤 고정된 법이 있어서 최상의 깨달음을 얻었는가?"

"아닙니다. 세존이시여, 저가 부처님께서 말씀하신 뜻을 이해하기에는 부처님께서 연등부처님의 처소에서 어떤 고정된 법이 있어서 최상의 깨달음을 얻는 것이 아닙니다."

부처님께서 말씀하셨습니다.

"사실 그러하니라, 수보리야. 실로 어떤 고정된 법이 있어서 여래가 최상의 깨달음을 얻은 것이 아니다.

수보리야, 만약 어떤 고정된 법이 있어서 여래가 최상의 깨달음을 얻은 것이라면, 연등부처님께서는 결코 나에게 '그대는 다음 세상에 반드시 부처를 이루고 이름을 <석가모니>라고 하리라.'라는 수기(授記)를 주시지 않으셨을 것이다.

실로 어떤 고정된 법이 있어서 최상의 깨달음

을 얻은 것이 아니다. 그래서 연등부처님께서는 나에게 수기를 주시며 말씀하시기를 '그대는 이 다음 세상에 반드시 부처를 이루리니 그 이름을 <석가모니>라고 하리라.'라고 하셨느니라.

왜냐하면 여래(如來)라고 하는 것은 모든 법이 여여(如如)하다는 뜻이기 때문이니라. 그러므로 만약 어떤 사람이 '여래는 최상의 깨달음을 얻었다.'라고 말하더라도 수보리야, 실로 고정된 법이 있어서 부처님이 최상의 깨달음을 얻은 것이 아니다.

수보리야, 여래가 얻은 최상의 깨달음은 여기에 실다움도 없고 헛됨도 없느니라. 그러므로 여래가 말하기를 '일체법이 모두 다 불법(佛法)이다.[一切法 皆是佛法]'라고 하느니라.

수보리야, 이른바 일체법이라는 것은 곧 일체법이 아니다. 그러므로 그 이름이 일체법이니라.

수보리야, 비유하자면 사람의 몸이 아주 큰 것과 같으니라."

수보리가 사뢰었습니다.

"세존이시여, 여래께서 말씀하신 사람의 몸이 아주 크다는 것도 곧 큰 몸이 아니고 그 이름이 큰 몸일 뿐입니다."

"수보리야, 보살도 이와 같아야 하나니, 만약 '나는 한량없이 많은 중생들을 제도하노라.'라고 말한다면 이는 곧 보살이라고 이름 할 수 없느니라.

왜냐하면, 수보리야, 실로 어떤 고정된 법이 있어서 이를 보살이라고 이름 하는 것이 아니기 때문이니라. 그러므로 여래는 말하기를 '일체법이 나도 없고, 남도 없고, 중생도 없고, 수명도 없다.'라고 하느니라.

수보리야, 만약 보살이 말하기를 '나는 반드시 세상을 장엄하노라.'라고 한다면 이는 보살이라고 이름할 수 없느니라. 왜냐하면, 여래가 말하는 세상을 장엄한다는 것은 곧 장엄이 아니고, 그 이름이 장엄일 뿐이기 때문이니라.

수보리야, 만약 보살이 무아(無我)의 이치를 통달하였다면, 여래는 이 사람을 '진정한 보살'이라고 이름하나니라."

제18. 한 몸으로 동일하게 봄[一切同觀分]
"수보리야, 그대는 어떻게 생각하는가? 여래가 육안(肉眼)이 있는가?"

"그렇습니다, 세존이시여. 여래께서 육안이 있으십니다."

"수보리야, 그대는 어떻게 생각하는가? 여래가 천안(天眼)이 있는가?"

"그렇습니다, 세존이시여. 여래께서 천안이 있으십니다."

"수보리야, 그대는 어떻게 생각하는가? 여래가 혜안(慧眼)이 있는가?"

"그렇습니다, 세존이시여. 여래께서 혜안이 있으십니다."

"수보리야, 그대는 어떻게 생각하는가? 여래가 법안(法眼)이 있는가?"

"그렇습니다, 세존이시여. 여래께서 법안이 있으십니다."

"수보리야, 그대는 어떻게 생각하는가? 여래가 불안(佛眼)이 있는가?"

"그렇습니다, 세존이시여. 여래께서 불안이 있으십니다."

"수보리야, 그대는 어떻게 생각하는가? 저 항하강에 있는 모래에 대해서 여래가 말한 적이 있는가?"

"그렇습니다, 세존이시여. 여래께서는 그 모래에 대해서 말씀하셨습니다."

"수보리야, 그대는 어떻게 생각하는가? 예컨대 저 하나의 항하강에 있는 모래들, 그 모래 수와 같이 많은 항하강이 또 있고, 그 모든 항하강의 전체의 모래 수와 같은 불세계(佛世界)가 있을 경우, 이러한 것을 참으로 많다고 하겠는가?"

"대단히 많습니다, 세존이시여."

부처님께서 수보리에게 말씀하셨습니다.

"그처럼 많은 세계 가운데 있는 모든 중생들의 갖가지 마음들을 여래는 모두 다 아느니라.

왜냐하면 여래가 말하는 모든 마음은 다 마음

이 아니라 그 이름이 마음일 뿐이기 때문이니라. 왜냐하면 수보리야, 과거의 마음도 찾을 수 없고, 현재의 마음도 찾을 수 없고, 미래의 마음도 찾을 수 없기 때문이니라."

제19. 법계를 다 교화하다[法界通化分]

"수보리야, 그대는 어떻게 생각하는가? 만약 어떤 사람이 삼천 대천세계에 가득한 금·은·보화를 가지고 널리 보시한다면 이 사람이 이 인연으로 얻은 복이 많겠는가?"

"그렇습니다, 세존이시여. 이 사람은 이 인연으로 얻은 복이 매우 많습니다."

"수보리야, 만약 복덕이 그 실체가 있는 것이라면 여래가 '복덕을 얻는 것이 많다'고 말하지 않을 것이다. 복덕이 본래 없으므로 여래가 '복덕을 얻는 것이 많다'고 말하느니라."

제20. 색과 상을 떠나다[離色離相分]

"수보리야, 그대는 어떻게 생각하는가? 잘 갖

춰진 육신의 모습으로써 부처님이라고 볼 수 있겠는가?"

"아닙니다, 세존이시여. 잘 갖춰진 육신의 모습으로써 반드시 여래라고는 볼 수는 없습니다. 왜냐하면 여래께서 말씀하신 잘 갖춰진 육신의 모습은 곧 잘 갖춰진 육신의 모습이 아닙니다. 그 이름이 잘 갖춰진 육신의 모습일 뿐이기 때문입니다."

"수보리야, 그대는 어떻게 생각하는가? 여러 가지 상호를 잘 갖추고 있는 것으로써 여래라고 볼 수 있겠는가?"

"아닙니다, 세존이시여. 여러 가지 상호를 잘 갖추고 있는 것으로써 반드시 여래라고 볼 수는 없습니다. 왜냐하면 여래께서 말씀하신 여러 가지 상호를 잘 갖추고 있다는 것은, 곧 여러 가지 상호를 잘 갖추고 있는 것이 아닙니다. 그 이름이 여러 가지 상호를 잘 갖추고 있는 것일 뿐이기 때문입니다."

제21. 설함과 설하여 질 것이 아님 [非說所說分]

"수보리야, 그대는 이러한 말을 하지 말라. '여래는 스스로 <나는 반드시 설법한 것이 있다.>라고 생각할 것이다.'라고 하지 말라. 그런 생각도 하지 말라. 왜냐하면 만약 어떤 사람이 말하기를 '여래는 설법이 있다'라고 한다면, 이것은 곧 부처님을 비방하는 것이 되며, 내가 말한 것을 전혀 이해하지 못하는 것이 되기 때문이다.

수보리야, 설법이라고 하는 것은 설할 수 있는 법이 없다. 그 이름이 설법일 뿐이니라."

그때 지혜를 생명으로 삼는 수보리가 부처님께 사뢰었습니다.

"세존이시여, 매우 많은 중생들이 이 다음 세상에 이러한 도리를 설명하는 것을 들으면 믿는 마음이 나겠습니까?"

부처님께서 말씀하셨습니다.

"수보리야, 그들은 중생이 아니며 중생이 아님도 아니다. 왜냐하면 수보리야 중생, 중생하는 것도 여래는 말하기를 '중생이 아니라 그 이름이 중생일 뿐이다.'라고 하기 때문이니라."

제22. 법은 가히 얻을 것이 없음[無法可得分]
수보리가 부처님께 사뢰었습니다.
"세존이시여, 부처님께서 최상의 깨달음을 얻으신 것은, 얻은 바가 없음이 됩니까?"
부처님께서 말씀하셨습니다.
"사실 그러하니라, 수보리야. 나의 최상의 깨달음에 대해서는 아주 작은 어떤 것도 얻은 바가 없다. 다만 그 이름이 최상의 깨달음일 뿐이니라."

제23. 깨끗한 마음으로 선을 행함[淨心行善分]
"또 수보리야, 이 도리는 평등해서 높고 낮음이 없다. 이것의 이름이 최상의 깨달음이다. 나도 없고, 남도 없고, 중생도 없고, 수명도 없는 경지에서 여러 가지 선법을 닦으면 곧 최상의 깨달음을 얻으리라. 수보리야, 이른바 선법이란 것은 여래가 말하기를 '곧 선법이 아니고 그 이름이 선법이다'라고 하느니라."

제24. 복덕과 지혜는 비교할 수 없음[福智無比分]

"수보리야, 예컨대 삼천 대천세계에 있는 산중에서 제일 큰 산인 수미산만한 금·은·보화의 무더기를 가지고 만약 어떤 사람이 널리 보시하였다 하자. 그리고 또 다른 어떤 사람은 이 반야바라밀경에서 네 글귀의 게송만이라도 받아 가지고, 읽고 외우고, 남을 위해 해설하여 준다면, 앞의 금·은·보화로써 보시한 복덕으로는 백분의 일에도 미치지 못하며, 백천만억분의 일에도 미치지 못하며, 어떤 산수와 비유로도 미치지 못하느니라."

제25. 교화하되 교화하는 바가 없음[化無所化分]

"수보리야, 그대는 어떻게 생각하는가? 그대들은 여래가 '나는 반드시 중생들을 제도한다.'라고 생각하리라는 말을 하지 말라. 수보리야, 그런 것은 생각도 하지 말라. 왜냐하면 실은 중생이 있어서 여래가 제도하는 것이 아니기 때문이다. 만약 중생이 있어서 여래가 제도한다면, 여래는 곧 나와 남과 중생과 수명이 있게 되는 것이다.

 수보리야, 여래가 말하는 '내가 있다'라고 하는 것은 곧 내가 있는 것이 아닌데 범부들이 내가 있다고 여기기 때문이니라.

 수보리야, 범부라는 것도 여래가 말하기를 '범부가 아니다. 그 이름이 범부일 뿐이다'라고 하였느니라."

제26. 법신은 상이 아님[法身非相分]

 "수보리야, 그대는 어떻게 생각하는가? 서른두 가지의 남다른 모습으로써 여래라고 미루어 볼 수 있겠는가?"

 수보리가 사뢰었습니다.

 "예 그렇습니다. 서른두 가지의 남다른 모습으로써 여래라고 미루어 볼 수는 있습니다."

 부처님께서 말씀하셨습니다.

 "만약 서른두 가지의 남다른 모습으로써 여래라고 미루어 볼 수 있다면 전륜성왕도 곧 여래라 하겠구나?"

수보리가 부처님께 사뢰었습니다.

"세존이시여, 제가 부처님께서 말씀하신 뜻을 이해하기에는 반드시 서른두 가지의 남다른 모습으로써 여래라고 미루어 볼 수 없겠습니다."

그 때 세존께서 게송으로 말씀하셨습니다.

"만약 육신으로써 나를 보려 하거나, 음성으로써 나를 찾으려면 이 사람은 잘못된 길을 가는 것이다. 결코 여래는 볼 수 없으리라."

제27. 단멸이 없음 [無斷無滅分]

"수보리야, 그대가 혹 생각하기를 '여래는 잘 갖춰진 상호를 마음에 두지 않았기 때문에 최상의 깨달음을 얻었다'라고 하지 않는가?

수보리야, 그러한 생각을 하지 말라. '여래는 잘 갖춰진 상호를 마음에 두지 않았기 때문에 최상의 깨달음을 얻었다'라고 하지 마라.

수보리야, 그대가 만약 생각하기를, '최상의 깨달음에 대한 마음을 일으킨 사람은 모든 것이 아주 없다고 말한다'라고 하는가? 그런 생각을 하지 말라. 왜냐하면 최상의 깨달음에 대한 마음을 일으킨 사람은 모든 것이 아주 없다고 말하지 않기 때문이니라."

제28. 받지도 않고 탐하지도 않음[不受不貪分]

"수보리야, 만약 어떤 보살이 항하강의 모래 수와 같이 많은 세계에 가득 찬 금·은·보화로써 널리 보시한 이가 있고, 또 어떤 사람은 모든 존재의 무아(無我)의 도리를 알아서 그 숨은 이치를 깨달으면 이 보살이 얻은 공덕은 앞의 보살이 얻은 공덕보다 훨씬 뛰어나리라. 왜냐하면 수보리야, 모든 보살들은 복덕을 누리지 않기 때문이니라."

수보리가 부처님께 사뢰었습니다.

"세존이시여, 어찌하여 보살이 복덕을 누리지 않습니까?"

"수보리야, 보살은 자신이 지은 복덕을 반드시 탐하거나 집착하지 않기 때문이다. 그러므로 '복덕을 누리지 않는다'라고 말하느니라."

제29. 위의가 적정함[威儀寂靜分]

"수보리야, 만약 어떤 사람이 말하기를 '여래가 혹 온다거나, 간다거나, 앉는다거나, 눕는다.'라고 하면 이 사람은 내가 말한 이치를 이해하지 못한 사람이니라. 왜냐하면 여래는 어디로부터 오는 것도 아니며, 또한 어디로 가는 것도 아니기 때문이다. 그러므로 '그렇게 오다<如來>'라고 부른다."

제30. 한 덩어리의 이치[一合理相分]

"수보리야, 만약 선남자·선여인이 삼천 대천세계를 부수어 아주 작은 먼지를 만들었다면 그대는 어떻게 생각하는가? 이 작은 먼지들이 얼마나 많겠는가?"

"매우 많습니다, 세존이시여. 왜냐하면 만약 이 작은 먼지들이 진실로 있는 것이라면 부처님께서는 곧 작은 먼지들에 대해서 말씀하시지 않으셨을 것이기 때문입니다. 왜냐하면 부처님께서 말씀하시는 작은 먼지들은 곧 작은 먼지들이 아니고, 그 이름이 작은 먼지들이기 때문입니다. 세존이시여, 여래께서 말씀하신 삼천 대천세계도 곧 세계가 아니고, 그 이름이 세계일 뿐입니다.

왜냐하면 만약 세계가 진실로 존재하는 것이라면 그것은 곧 하나로 된 모습입니다.

여래께서 말씀하시는 하나로 된 모습이란 곧 하나로 된 모습이 아니고 그 이름이 하나로 된 모습일 뿐이기 때문입니다."

"수보리야, 그 하나로 된 모습이란 것은 실은 이야기 할 수 없는 것인데 다만 범부들이 그 것에 대하여 탐하고 집착하기 때문이니라."

제31. 지견을 내지 않음[知見不生分]

"수보리야, 만약 어떤 사람이 말하기를 '여래가 나라는 지견과 남이라는 지견과 중생이라는 지견과 수명에 대한 지견을 말하더라'고 한다면, 수보리야, 그대는 어떻게 생각하는가? 이 사람은 내가 말한 이치를 제대로 이해한 것인가?"

"아닙니다, 세존이시여. 이 사람은 여래께서 말씀하신 이치를 이해하지 못하였습니다. 왜냐하면 세존께서 말씀하신 나라는 지견과 남이라는 지견과 중생이라는 지견과 수명에 대한 지견은, 곧 나라는 지견과 남이라는 지견과 중생이라는 지견과 수명에 대한 지견이 아닙니다. 그 이름이 나라는 지견과 남이라는 지견과 중생이라는 지견과 수명에 대한 지견일 뿐입니다."

"수보리야, 최상의 깨달음에 대한 마음을 일으킨 사람은 모든 존재에 대하여 반드시 이와 같이 알아야 하며, 이와 같이 보아야 하며, 이와 같이 믿고 이해해서 존재에 대한 상(相)이 나지 않아야 한다. 수보리야, 존재에 대한 상이란 여래는 곧 존재에 대한 상이 아니고 그 이름이 존재에 대한 상이라고 말 할 뿐이니라."

제32. 응화신은 진신이 아님[應化非眞分]

"수보리야, 만약 어떤 사람이 한량없는 아승지

세계에 가득 찬 금·은·보화를 가지고 널리 보시한 이가 있고, 만약에 또 다른 어떤 선남자·선여인이 있어서 보살의 마음을 내어 이 경전을 가지고 네 글귀만이라도 받아 지니고 읽고 외워서, 다른 이를 위해서 설명하여 준다면, 그 복이 앞의 복보다 훨씬 뛰어나리라.

어떻게 하는 것이 '남을 위하여 설명하여 주는 것'인가?

상(相)에 끌려 다니지 않고 여여(如如)하여 동요하지 않는 것이니라. 왜냐하면, 모든 작위(作爲)가 있는 것은 마치 꿈같고, 환영 같고, 물거품 같고, 그림자 같고, 이슬 같고, 번개 같으니 반드시 이와 같이 관찰하도록 하라."

부처님께서 이 경을 다 말씀하여 마치시니 덕이 높으신 수보리 존자와 여러 비구·비구니와 우바새·우바이와 일체 세간의 천신들과 아수라들이 부처님의 말씀을 듣고는 모두 다 크게 기뻐하여 믿고 받아들이며 받들어 수행하게 되었습니다.

불설아미타경

佛說阿彌陀經

법회중증분 제일

法會衆證分 第一

여시아문하사오니 一時에 佛께서 在舍衛國祇樹
如是我聞

급고독원하사 여대비구승 천이백오십인으로 구
給孤獨園 與大比丘僧 千二百五十人 俱

하시니 개시대아라한이며 중소지식이라 장로사리
皆是大阿羅漢 衆所知識 長老舍利

불과 **마하목건련**과 **마하가섭**과 **마하가전연**과
弗 摩訶目犍連 摩訶迦葉 摩訶迦旃延

마하구치라와 **이바다**와 **주리반타가**와 **난타**와 **아**
摩訶俱絺羅 離婆多 周利槃陀伽 難陀 阿

난타와 **라후라**와 **교범바제**와 **빈두로 파라타**와
難陀 羅睺羅 憍梵婆提 賓頭盧 頗羅墮

가루타이와 **마하겁빈나**와 **박구라**와 **아누루타**와
迦留陀夷 摩訶劫賓那 縛拘羅 阿㝹樓馱

여시등제대제자이며 **병제보살마하살**인 **문수사**
如是等諸大弟子 竝諸菩薩摩訶薩 文殊師

리법왕자와 **아일다보살**과 **건타하제보살**과 **상**
利法王子 阿逸多菩薩 乾陀訶提菩薩 常

정진보살과 여여시등제대보살과 급석제환인
精進菩薩 與如是等諸大菩薩 及釋提桓因

등 무량제천대중으로 구러시다
等 無量諸天大衆 俱

불토의정분 제이
佛土依正分 第二

이시에 불고 장로사리불하사대 종시서방으로
爾時 佛告 長老舍利弗 從是西方

과십만억불토하야 유세계하니 명왈극락이요 기토
過十萬億佛土 有世界 名曰極樂 其土

에 **유불**하시니 **호아미타**시라 **금현재설법**하시니라

有佛　號阿彌陀　今現在說法

보수지연분 제삼

寶樹池蓮分　第三

사리불아 **피토**를 **하고**로 **명위극락**고 **기국중**

舍利弗　彼土　何故　名爲極樂　其國衆

생은 **무유중고**하고 **단수제락**일새 **고명극락**이니라

生　無有衆苦　但受諸樂　故名極樂

사리불아 **극락국토**에는 **칠중난순**과 **칠중나망**

又舍利弗　極樂國土　七重欄楯　七重羅網

과 **칠중행수**에 **개시사보**로 **주잡위요**할새 **시고**로 七重行樹 皆是四寶 周匝圍繞 是故

피국을 **명위극락**이니라 **우사리불**아 **극락국토**에 彼國 名爲極樂 又舍利弗 極樂國土

유칠보지하니 **팔공덕수**가 **충만기중**하고 **지저**에는 有七寶池 八功德水 充滿其中 池底

순이금사로 **포지**하며 **사변계도**에는 **금은유리파** 純以金沙 布地 四邊階道 金銀琉璃玻

려로 **합성**하였고 **상유누각**하되 **역이금은 유리파** 瓈 合成 上有樓閣 亦以金銀 琉璃玻

려 자거 적주 마노로 **이엄식지**하며 **지중연화** 瓈 硨磲 赤珠 瑪瑙 而嚴飾之 池中蓮華

에는 **대여거륜**하되 大如車輪 **청색청광**이며 靑色靑光 **황색황광**이며 적
색적광 백색백광이니 色赤光 白色白光 미묘향결하니라 微妙香潔 **사리불**아
극락국토에 **성취여시공덕장엄**하나니라 極樂國土 成就如是功德莊嚴

천인공양분 제사
天人供養分 第四

우사리불아 **피불국토**에 **상작천악**하며 **황금**으로
又舍利弗 彼佛國土 常作天樂 黃金

위지하고 爲地 주야육시로 晝夜六時 우천만다라화하거든 雨天曼多羅華 기토 其土

중생이 衆生 상이청단에 常以淸旦 각이의극으로 各以衣裓 성중묘화하야 盛衆妙華

공양타방십만억불하고 供養他方十萬億佛 즉이식시에 卽以食時 환도본국하야 還到本國

반식경행하나니 飯食經行 사리불아 舍利弗 극락국토에 極樂國土 성취여시 成就如是

공덕장엄하니라 功德莊嚴

금수연법분 제오

禽樹演法分 第五

부차사리불아 피국에 **상유종종기묘잡색지조**하되

復次舍利弗 彼國 常有種種奇妙雜色之鳥

白鶴 孔雀 鸚鵡 舍利 迦陵頻伽 共

백학 공작 앵무 사리와 **가릉빈가** 공

명지조라 **시제중조**는 **주야육시**로 **출화아음**하니

命之鳥 是諸衆鳥 晝夜六時 出和雅音

기음이 **연창오근오력**과 **칠보리분**과 **팔성도분**

其音 演暢五根五力 七菩提分 八聖道分

여시등법이어든 **기토중생문시음이**에 **개실염불**

如是等法 其土衆生聞是音已 皆悉念佛

염불염승하나니라
念法念僧

사리불아 여믈위차조를 실시
舍利弗 汝勿謂此鳥 實是

죄보소생이라하라
罪報所生

소이자하오 피불국토에는 무삼
所以者何 彼佛國土 無三

악도하니라
惡道

사리불아 기불국토 상무악도지명
舍利弗 其佛國土 尙無惡道之名

이온 하황유실가
何況有實

시제중조는 개시아미타불이 욕
是諸衆鳥 皆是阿彌陀佛欲

령법음선류하사 변화소작이시니라 사리불아 피불
令法音宣流 變化所作 舍利弗 彼佛

국토에는 미풍이 취동하면 제보행수와 급보라망
國土 微風 吹動 諸寶行樹 及寶羅網

에서 출미묘음하나니 비여백천종악이 동시구작이
出微妙音 譬如百千種樂 同時俱作

라 문시음자는 자연개생염불 염법 염승지심 하나니
聞是音者 自然皆生念佛 念法 念僧之心

하나니 사리불아 기불국토에 성취여시공덕장엄
舍利弗 其佛國土 成就如是功德莊嚴

하니라

불덕무량분 제육
佛德無量分 第六

사리불아 어여의운하오 피불을 하고로 호아
舍利弗 於汝意云何 彼佛 何故 號阿

미타어뇨 사리불아 피불은 광명이 무량하사 조시彌陀 舍利弗 彼佛 光明無量 照十

방국하사대 무소장애일새 시고로 호위아미타시니라方國 無所障碍 是故 號爲阿彌陀

우사리불피불의 수명과 급기인민이 무량무변又舍利弗彼佛 壽命 及其人民 無量無邊

아승지겁일새 고로 명아미타시니라 사리불아 아미阿僧祇劫 故 名阿彌陀 舍利弗 阿彌

타불이 성불이래로 어금십겁이시니라 우사리불아陀佛 成佛以來 於今十劫 又舍利弗

피불이 유무량무변성문제자시니 개아라한이라彼佛 有無量無邊聲聞弟子 皆阿羅漢

비시산수지소능지이며 諸菩薩衆도 亦復如是하나
非是算數之所能知

니 사리불아 彼佛國土 成就如是功德莊嚴하니라
舍利弗

사리불아 피불국토에 성취여시공덕장엄하니라

왕생발원분 제칠
往生發願分 第七

우사리불아 극락국토에 중생생자는 개시아비
又舍利弗 極樂國土 衆生生者 皆是阿鞞

발치라 기중에 다유일생보처하야 기수심다하며
跋致 其中 多有一生補處 其數甚多

비시산수의 소능지지라 단가이무량무변아승지
非是算數 所能知之 但可以無量無邊阿僧祇

겁으로 설하니 사리불아 중생문자는 응당발원하야
劫 說 舍利弗 衆生聞者 應當發願

원생피국이니 소이자하오 득여여시제상선인으로
願生彼國 所以者何 得與如是諸上善人

구회일처니라
俱會一處

수지정행분 제팔
修持正行分 第八

사리불아 불가이소선근복덕인연으로 득생피국이니라 사리불아 약유선남자선여인이 문설아미타불하고 집지명호하되 약일일 약이일 약삼일 약사일 약오일 약육일 약칠일 일심불란하면 기인이 임명종시에 아미타불이 여제성중으로 현재기전하시니라 시인종시에 심부전도하야 즉득왕

舍利弗 不可以少善根福德因緣 得生彼國 舍利弗 若有善男子善女人 聞說阿彌陀佛 執持名號 若一日 若二日 若三日 若四日 若五日 若六日 若七日 一心不亂 其人臨命終時 阿彌陀佛 與諸聖衆 現在其前 是人終詩 心不顚倒 卽得往

생아미타불 극락국토하나니라 **사리불**아 **아견시**
生阿彌陀佛 極樂國土 舍利弗 我見是
리일새 **고설차언**하노라 **약유중생**이 **문시설자**는
利 故說此言 若有衆生 聞是說者
응당발원하야 **생피국토**니라
應當發願 生彼國土

동찬권신분 제구
同讚勸信分 第九

사리불아 **여아금자**에 **찬탄아미타불**의 **불가사**
舍利弗 如我今者 讚歎阿彌陀佛 不可思

의공덕지리하야 議功德之利

동방에 역유아촉비불 수미상
東方 亦有阿閦鞞佛 須彌相

불 대수미불 수미광불 묘음불 여시등
佛 大須彌佛 須彌光佛 妙音佛 如是等

항하사수제불이 각어기국에서 출광장설상하야
恒河沙數諸佛 各於其國 出廣長舌相

변부삼천대천세계하사대 설성실언하사대 여등중생
遍覆三千大千世界 說誠實言 汝等衆生

이 당신시칭찬불가사의 공덕일체제불의 소호
當信是稱讚不可思議 功德一切諸佛 所護

념경하라하시나니라 사리불아 남방세계에 유일월등
念經 舍利弗 南方世界 有日月燈

142

불 명문광불 대염견불 수미등불 무량정
佛名聞光佛 大焰肩佛 須彌燈佛 無量精

진불 여시등 항하사수제불이 각어기국에서
進佛如是等 恒河沙數諸佛 各於其國

출광장설상하사 변부삼천대천세계하사 설성실언
出廣長舌相 遍覆三千大千世界 說誠實言

하사대 여등중생이 당신시칭찬불가사의공덕인 일
汝等衆生 當信是稱讚不可思議功德

체제불의 소호념경하라하시나니라 사리불아 서방세
切諸佛所護念經 舍利弗 西方世

계에 유무량수불 무량상불 무량당불 대광
界 有無量壽佛 無量相佛 無量幢佛 大光

불 대명불 보상불 여시등 항하
佛 大明佛 寶相佛 淨光佛 如是等 恒河

사수제불이 각어기국에 출광장설상하야 변부삼
沙數諸佛 各於其國 出廣長舌相 遍覆三

천대천세계하사 설성실언하사대 여등중생이 당신
千大千世界 說誠實言 汝等眾生 當信

시칭찬불가사의공덕인 일체제불의 소호념경하라
是稱讚不可思議功德 一切諸佛 所護念經

하시나니라 사리불아 북방세계에 유염견불 최승
舍利弗 北方世界 有焰肩佛 最勝

음불 난저불 일생불 망명불 여시등 항하
音佛 難沮佛 日生佛 網明佛 如是等 恒河

사수제불이 각어기국에서 출광장설상하야 변부삼
沙數諸佛 各於其國 出廣長舌相 遍覆三

천대천세계하사 설성실언하사대 여등중생이 당신
千大千世界 說誠實言 汝等衆生 當信

시칭찬불가사의공덕인 일체제불의 소호념경하라
是稱讚不可思議功德 一切諸佛 所護念經

하시나니라 사리불아 하방세계에 유사자불 명문불
舍利弗 下方世界 有師子佛 名聞佛

명광불 달마불 법당불 지법불하야 여시등
名光佛 達摩佛 法幢佛 持法佛 如是等

항하사수제불이 각어기국에 출광장설상하야 변
恒河沙數諸佛 各於其國 出廣長舌相 遍

부삼천대천세계하사 설성실언하사대 여등중생이
覆三千大千世界 說誠實言 汝等衆生
당신시칭찬불가사의공덕인 일체제불의 소호념
當信是稱讚不可思議功德 一切諸佛 所護念
경하라하시나니라 사리불아 상방세계에 유범음불 숙
經 舍利弗 上方世界 有梵音佛 宿
왕불 향상불 향광불 대염견불 잡색보화
王佛 香上佛 香光佛 大焰肩佛 雜色寶華
엄신불 사라수왕불 보화덕불 견일체의불
嚴身佛 娑羅樹王佛 寶華德佛 見一切義佛
여수미산불 여시등항하사수제불이 각어기국에
如須彌山佛 如是等恒河沙數諸佛 各於其國

146

출광장설상하야 변부삼천대천세계하사 說誠實言
出廣長舌相 遍覆三千大千世界
하사대 여등중생이 당신시칭찬불가사의공덕인 일
汝等衆生 當信是 稱讚不可思議功德
체제불의 소호념경하라하시나니라
切諸佛 所護念經

문법신원분 제십
聞法信願分 第十

사리불아 어여의운하오 하고로 명위일체제불의
舍利弗 於汝意云何 何故 名爲一切諸佛

소호념경고 사리불아 약유선남자선여인이 문시
所護念經 舍利弗 若有善男子善女人 聞是

경수지자와 급문제불명자는 시제선남자선여인
經受持者 及聞諸佛名者 是諸善男子善女人

이 개위일체제불지소호념이라
皆爲一切諸佛之所護念

개득불퇴전어
皆得不退轉於

아뇩다라삼먁삼보리니라 시고로 사리불아 여등
阿耨多羅三藐三菩提 是故 舍利弗 汝等

이 개당신수아어와 급제불소설이니라 사리불아 약
皆當信受我語 及諸佛所說 舍利弗 若

유인이 이발원 금발원 당발원하야 욕생아미
有人 已發願 今發願 當發願 欲生阿彌

148

타불국자는 시제인등 개득불퇴전 어아뇩다
陀佛國者 是諸人等 皆得不退轉 於阿耨多
라삼먁삼보리하야 어피국토에 약이생커나 약금생
羅三藐三菩提 於彼國土 若已生 若今生
커나 약당생하나니 시고로 사리불아 제선남자와
若當生 是故 舍利弗 諸善男子
선녀인이 약유신자는 응당발원하야 생피국토니라
善女人 若有信者 應當發願 生彼國土

호찬감발분 제십일
互讚感發分 第十一

사리불아 여아금자에 칭찬제불의 불가사의공
덕하야 舍利弗 如我今者 稱讚諸佛 不可思議功
德하야 彼諸佛等 亦稱讚我不可思議功德
이작시언하대 而作是言 釋迦牟尼佛이 역칭찬아불가사의공덕하사
능위심난희유지사 能爲甚難希有之事
하사 能於娑婆國土 五濁惡世 劫濁 見濁 煩
뇌탁 중생탁 명탁중에 득아뇩다라삼먁삼보리
惱濁 衆生濁 命濁中 得阿耨多羅三藐三菩提
하사 위제중생하야 설시일체세간 난신지법하라하
爲諸衆生 說是一切世間 難信之法

시나니라 **사리불**아 **당지**하라 아어오탁악세에 **행차**
難事 舍利弗 當知 我於五濁惡世 行此

난사하야 **득아뇩다라삼먁삼보리**하사 **위일체세간**
難事 得阿耨多羅三藐三菩提 爲一切世間

하야 **설차난신지법**이 **시위심난**이니라
說此難信之法 是爲甚難

유통보도분 제십이
流通普度分 第十二

불설차경이하시니 **사리불**과 **급제비구**와 **일체**
佛說此經已 舍利弗 及諸比丘 一切

151

세간천인 아수라등이 문불소설하시고 환희신수
世間天人 阿修羅等 聞佛所說 歡喜信受
하고 작례이거하니라
作禮而去

불설아미타경 종
佛說阿彌陀經 終

한글 불설아미타경 [佛設阿彌陀經]

무비스님

제1. 법회중증분(法會衆證分)

이와 같이 내가 들었다.

한때 부처님께서 천 이백 오십 인의 비구들과 사위국 기원정사에 함께 계시었다.

그들은 모두 널리 알려진 큰 아라한들이었으니, 즉 장로 사리불·마하목건련·마하가섭·마하가전연·마하구치라·리바다·주리반타카·난다·아난다·라후라·교범바제·빈두로파라타·가루다이·마하겁빈나·박구라·아누루타와 같은 큰 제자들이었다.

이 밖에 보살마하살과 법의 왕자인 문수사리를 비롯해 아일다보살·건타하제보살·상정진보살 등 큰보살님들과 그리고 석제, 환인 등

수많은 천인들도 자리를 함께 하였다.

제2. 불토의정분(佛土依正分)

그 때 부처님께서 장로 사리불에게 말씀하셨다.

"여기에서 서쪽으로 십만억 불국토를 지나면 한 세계가 있으니, 그 이름을 '극락'이라 하느니라. 거기에 아미타불이 계시어 지금도 극락세계에서 설법하고 계시느니라.

제3. 보수지연분(寶樹池蓮分)

사리불이여, 저 세계를 어째서 극락이라 하는 줄 아느냐? 그곳에 있는 중생들은 아무 괴로움도 없이 오직 즐거움만 있으므로 극락이라 하는 것이다. 또 사리불이여, 극락 세계에는 일곱 겹으로 된 난간과 일곱 겹의 나망(구슬로 장식된 그물)과 일곱 겹 가로수가 있는데, 금·은·청옥·수정의 네 가지 보석으로 눈부시게 장식되어 있다. 그러므로 그 나라를

극락이라 하느니라. 또 사리불이여, 극락 세계에는 또 칠보로 된 연못이 있는데, 그 연못에는 여덟 가지 공덕수로 가득차 있으며, 연못 바닥은 금모래가 깔려 있고, 연못 둘레에는 금·은·유리·파려 등의 보배로 이루어진 층계가 있으며, 그 위에는 누각이 있어 역시 금·은·유리·파려·진주·마노 등의 칠보로 장엄하게 꾸며져 있느니라. 그리고 그 연못 속에는 수레바퀴만한 연꽃이 피어 있는데, 푸른 빛에서는 푸른 광채가 나고, 누른 빛에서는 누른 광채가 나고, 붉은 빛에서는 붉은 광채가 나고, 흰 빛에서는 흰 광채가 나서 참으로 아름답고 향기롭고 정결하다.

사리불이여, 극락세계는 이와 같은 공덕장엄으로 이루어져 있느니라.

제4. 천인공양분(天人供養分)

또 사리불이여, 저 부처님세계에는 항상 천상의 음악이 울려퍼지고 대지는 황금색으로

빛나고 있으며, 그리고 밤낮으로 천상의 만다라 꽃비가 내린다. 그 불국토의 중생들은 이른 아침마다 바구니에 여러 가지 아름다운 꽃을 담아 가지고 다른 십만억 불국토의 부처님께 공양하고 조반 전에 본국으로 돌아와 공양을 마치고 산책을 즐기며 수행한다.

사리불이여, 극락 세계에는 이와 같은 공덕 장엄으로 이루어져 있느니라.

제5. 금수연법분(禽樹演法分)

또 그 불국토에는 아름답고 기묘한 여러 빛깔을 가진 백학·공작·앵무새·사리새·가릉빈가·공명조 등의 새가 있어서 밤낮을 가리지 않고 항상 평화롭고 맑은 소리로 노래한다. 그들이 노래하면 오근(五根;신심·정진·바른 생각·선정·지혜)과 오력(五力; 믿는 힘·정진하는 힘·생각하는 힘·선정의 힘·지혜의 힘)과 칠보리분(七菩提分;수행시 선악을 가리는 일곱 가지 지혜)과 불교의 수행법인 팔성도분(八聖道分과 같은 팔정도(八正道: 正見·正思惟·正語·正業·正命·正精進·正念·正定)를 설하는 소리가 흘러 나온다. 그래서 극락세계의 중생들은 이 소리를 들으면, 모두 부처님을 생각하고 법문을 생각하며 스님들을 생각하게 되느니라.

사리불이여, 그대는 이 새들이 죄업의 과보로 생긴 것이라고는 생각하지 말라. 왜냐하면 그 불국토에는 지옥·아귀·축생 등 삼악도(三惡道)가 없기 때문이다. 거기에는 지옥이라는 이름도 없는데 어떻게 실지로 그런 것이 있겠는가. 이러한 모든 새들은 법문을 설하기 위해 모두 아미타불께서 화현으로 만드신 것이다. 그 불국토에서 약간 미풍만 불어도 보석으로 장식된 가로수와 나망에서 아름답고 미묘한 소리가 나는데, 그 소리가 마치 백천 가지 악기가 합주되는 것과 같다. 이 소리를 듣는 사람은 누구나 다 부처님을 생각하고 법문을 생각하며 스님들을 생각하는 마음이 저

절로 우러난다.

 사리불이여, 극락 세계는 이와 같은 공덕장엄으로 이루어져 있느니라.

제6. 불덕무량분(佛德無量分)

 사리불이여, 저 부처님을 어째서 '아미타불'이라 부르는지 아느냐? 저 부처님의 광명은 한량없어서 시방세계를 두루 비춤에 조금도 걸림이 없기 때문에 아미타불이라 하느니라. 또 그 부처님의 수명과 그 나라 사람의 수명이 한량없고 끝이 없는 아승지겁이므로 아미타불이라 한다. 아미타불이 부처가 된 지도 벌써 십겁(十劫)이 되었느니라.

 사리불이여, 그 부처님에게는 헤아릴 수 없이 많은 성문(부처님의 말씀을 듣고 그대로 수행하는 사람) 제자들이 있는데 모두 아라한들이다. 그 수는 어떠한 산수로도 그 수효를 헤아릴 수 없으며, 보살 대중의 수도 또한 그러하다.

사리불이여, 극락세계는 이와 같은 공덕장엄으로 이루어져 있느니라.

제7. 왕생발원분(往生發願分)
 사리불이여, 극락세계에 태어나는 중생들은 모두 보리심에서 물러나지 않는 이들이며, 그 가운데는 일생 보처(이번 일생만 지나면 다음 생에는 부처가 되는 보살의 최고 지위)에 오른 이들이 많아 숫자와 비유로도 헤아릴 수 없으며, 다만 무량 무변한 아승지겁으로 표현할 수밖에 없느니라. 사리불이여, 이 말을 들은 중생들은 마땅히 서원을 세워 저 세계에 태어나기를 발원해야 하느니라. 왜냐하면, 거기(극락세계)에 가면 그와 같이 으뜸가는 착한 사람들과 함께 모여 살 수 있기 때문이다.

제8. 수지정행분(修持正行分)
 사리불이여, 조그마한 선근이나 하찮은 복덕의 인연으로는 저 극락세계에 왕생할 수는 없느니라.

 사리불이여, 선남자·선여인들이 있어 아미타불에 대한 설법을 듣고 하루나 이틀 혹은 사흘·나흘·닷새·엿새·이렛동안 한결같은 마음으로 아미타불의 명호를 외우되 조금도 마음이 흐트러지지 않으면 그 사람이 임종할 때 아미타불이 여러 거룩한 분들과 함께 그 사람 앞에 나타날 것이다. 그러면 그가 임종할 때에 마음이 휘둘리지 아니하여 곧바로 아미타불의 극락 세계에 왕생하게 되느니라.

 사리불이여, 나는 이러한 도리를 알고 이와 같은 말을 하는 것이니 어떤 중생이든지 이 말을 듣는 이는 마땅히 저 극락세계에 서원을 세워 왕생하기를 발원해야 하느니라.

제9. 동찬권신분(同讚勸信分)

 사리불이여, 내가 지금 아미타불의 한량없는 공덕을 찬탄한 것처럼, 동방에도 아촉비불·수미상불·대수미불·수미광불·묘음불 등 항하사 수의 여러 부처님이 계시는데, 그 부처님들이 각기 그 세계에서 삼천대천세계에 두루 미치도록 진실한 말씀으로 설법하시기를, '너희 중생들은 마땅히 불가사의한 공덕을 찬탄하고 모든 부처님이 한결같이 호념하시는 이 경을 믿으라.'고 하시느니라.

사리불이여, 남방세계에도 일월등불・명문광불・대염견불・수미등불・무량정진불 등 항하사 수의 여러 부처님이 계시는데, 그 부처님들이 각기 그 세계에서 삼천대천세계를 두루 미치도록 진실한 말씀으로 설법하시기를, '너희 중생들은 마땅히 불가사의한 공덕을 찬탄하시고 모든 부처님이 한결같이 호념하시는 이 경을 믿으라.'고 하시느니라.

사리불이여, 서방세계에도 무량수불・무량상불・무량당불・대광불・대명불・보상불・정광불 등 항하사 수의 여러 부처님이 계시는데, 그 부처님들이 각기 그 세계에서 삼천대천세계에 두루 미치도록 진실한 말씀으로 설법하시기를, '너희 중생들은 마땅히 불가사의한 공덕을 찬탄하시고 모든 부처님이 한결같이 호념하시는 이 경을 믿으라.'고 하시느니라.

 사리불이여, 북방세계에도 염견불·최승음불·난저불·일생불·망명불 등 항하사 수의 여러 부처님이 계시는데 그 부처님들이 각기 그 세계에서 삼천대천세계에 두루 미치도록 진실한 말씀으로 설법하시기를, '너희 중생들은 마땅히 불가사의한 공덕을 찬탄하시고 모든 부처님이 한결같이 호념하시는 이 경을 믿으라.'고 하시느니라.

 사리불이여, 하방 세계에도 사자불·명문불·명광불·달마불·법당불·지법불 등 항하사 수의 여러 부처님이 계시는데, 그 부처님들이 각기 그 세계에서 삼천대천세계에 두루 미치도록 진실한 말씀으로 법을 설하시기를, '너희 중생들은 불가사의한 공덕을 찬탄하고 모든 부처님이 한결같이 호념하시는 이 경을 믿으라'고 하시느니라.

사리불이여, 상방세계에서도 범음불·숙왕불·향상불·향광불·대염견불·잡색보화엄신불·사라수왕불·보화덕불·견일체의불·여수미산불 등 항하사 수의 여러 부처님이 계시는데 그 부처님들이 각기 그 세계에서 삼천대천세계에 두루 미치도록 진실한 말씀으로 설법하시기를, '너희 중생들은 마땅히 불가사의한 공덕을 찬탄하시고 모든 부처님이 한결같이 호념하시는 이 경을 믿으라.'고 하느니라.

제10. 문법신원분(聞法信願分)

사리불이여, 어째서 이 경을 가리켜 모든 부처님들이 한결같이 호념하시는 경이라 하는 줄 아는가? 선남자·선여인들이 있어 이 경을 듣고 받아지니거나 부처님의 명호를 들으면 남자·선여인들은 모든 부처님의 보호를 받게 되어 바른 깨달음에서 물러서지 않게 되느니라. 그러므로 사리불이여, 그대들은 내 말과 모든 부처님의 말씀을 잘 믿어야 하느니라.

사리불이여, 어떤 사람이 만약 아미타불의 세계에 가서 나기를 이미 발원하였거나 지금 발원하거나 혹은 장차 발원한다면, 그는 바른 깨달음에서 물러나지 않고, 그 극락세계에 이미 태어났거나 지금 태어나거나 혹은 장차 태어날 것이니라. 그러므로 사리불이여, 신심이 있는 선남자·선여인들은 마땅히 극락세계에 태어나기를 발원해야 하느니라.

제11. 호찬감발분(互讚感發分)

사리불이여, 내가 지금 여러 부처님의 불가사의한 공덕을 칭찬하듯이, 저 부처님들도 또한 나의 불가사의한 공덕을 칭찬하시기를, '석가모니 부처님이 어렵고 희유한 일을 하셨다. 시대가 흐리고, 견해가 흐리고, 번뇌가 흐리고, 중생이 흐리고, 생명이 흐린 가운데에도 능히 위없는 바른 깨달음을 얻으시고 모든 중생들을 위해 세상 사람들이 믿기 어려운 미묘한 법을 말씀하셨도다.' 라고 하시느니라.

사리불이여, 마땅히 알지니 내가 이 오탁악세에서 갖은 고행 끝에 바른 깨달음을 얻고, 모든 세상을 위해 믿기 어려운 법을 설하는 것은 참으로 어려운 일이 아닐 수 없다."

제12. 유통보도분(流通普度分)

부처님께서 이 경전 설함을 마치시니, 사리불과 비구들과 모든 세간의 천상 사람들과 아수라들이 부처님의 말씀을 듣고 기뻐하면서 예배를 올리고 물러갔습니다.

불설아미타경 끝

도서출판 窓의 "무량공덕" 시리즈

제1권 **금강경**, 무비스님 편저
제2권 **천수·반야심경**, 무비스님 편저
제3권 **부모은중경**, 무비스님 편저
제4권 **목련경**, 무비스님 편저
제5권 **천수·금강경**, 무비스님 편저
제6권 **천수·관음경**, 무비스님 편저
제7권 **관세음보살보문품**, 무비스님 편저
제8권 **금강·아미타경**, 무비스님 편저
제9권 **불설아미타경**, 무비스님 편저
제10권 **예불문**, 무비스님 편저
제11권 **백팔대참회문**, 무비스님 편저
제12권 **약사여래본원경**, 무비스님 편저
제13권 **지장보살예찬문**, 무비스님 편저
제14권 **천지팔양신주경**, 무비스님 편저
제15권 **보현행원품**, 무비스님 편저
제16권 **지장보살본원경(상)**, 무비스님 편저
제17권 **지장보살본원경(하)**, 무비스님 편저
제18권 **무상법문집**, 무비스님 편저
제19권 **대불정능엄신주**, 무비스님 편저
제20권 **수보살계법서**, 무비스님 편저

☼ "무량공덕" 시리즈는 계속 간행됩니다.

☆ 법보시용으로 다량주문시
특별 할인해 드립니다.

☆ 원하시는 불경의 독송본이나
사경본을 주문하시면 정성껏
편집·제작하여 드립니다.

◆무비(如天 無比)스님

- 전 조계종 교육원장
- 범어사에서 여환스님을 은사로 출가
- 해인사 강원 졸업
- 해인사, 통도사 등 여러 선원에서 10여년 동안 안거
- 통도사, 범어사 강주 역임
- 조계종 종립 은해사 승가대학원장 역임
- 탄허스님의 법맥을 이은 강백
- 화엄경 완역 등 많은 집필과 법회 활동

▶저서와 역서
『금강경 강의』, 『보현행원품 강의』, 『화엄경』, 『예불문과 반야심경』,
『반야심경 사경』 외 다수.

금강 · 아미타경

초판 10쇄 인쇄 · 2022년 1월 20일
초판 10쇄 발행 · 2022년 1월 25일
편　저 · 무비 스님
펴낸이 · 이규인
편　집 · 천종근
펴낸곳 · 도서출판 窓
등록번호 · 제15-454호
등록일자 · 2004년 3월 25일

주소 · 서울특별시 마포구 대흥로 4길 49, 1층 (용강동 월명빌딩)
전화 · 322-2686, 2687 / **팩시밀리** · 326-3218
e-mail · changbook1@hanmail.net
홈페이지 · (http://www.changbook.co.kr)

ISBN 89-7453-120-8　03220
정가 6,000원

*파손된 책은 구입하신 서점이나 《도서출판 窓》에서 바꾸어 드립니다.
☞ **염화실**(http://cafe.daum.net/yumhwasil)에서 무비스님의 강의를 들을 수 있습니다.